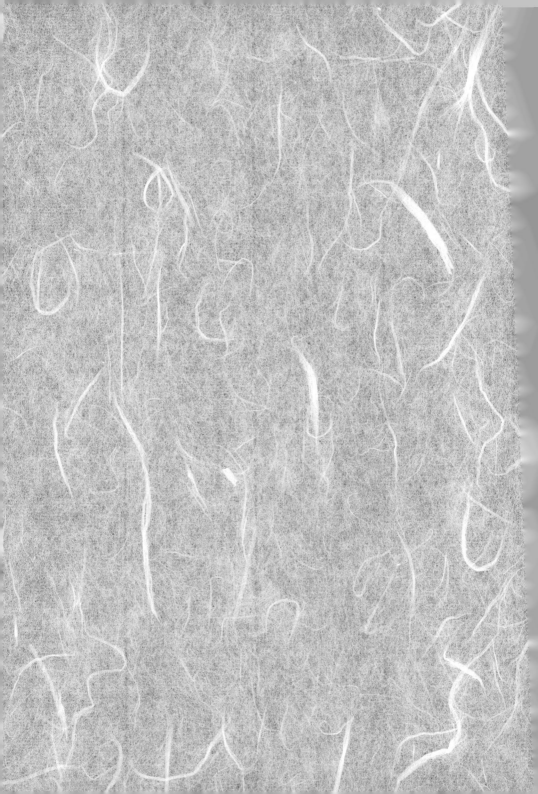

八代六郎伝

―義に勇む―

鎌倉国年

吉備人出版

八代六郎伝

―義に勇む―

はじめに

（一）

八代六郎は明治の日本海軍に大きな足跡を残した人である。日清・日露の両戦役での戦功は際立っていた。戦闘が終わると彼我の死者を共に弔い、勝って驕傲《きょうごう》になることを戒めた。このため八代の艦の兵たちは静かなる勇者として聞こえた。

「戦争は決してやってはならない」ということを、当の軍人が誰よりも強く思っていると言ったら、人は信じないかもしれない。だが、戦争の惨禍を最も良く知る者は前線の将兵である。知識や風聞でなく体験として掴《つか》んでいるから、戦の恐ろしさに震える。

人を殺すことの衆《おお》きには、悲哀を以てこれを泣き、
戦い勝つも喪礼を以て之に処《お》る（老子）
（戦いで多くの人を殺したときは悲しみで泣き、勝てば葬式の礼で対応すべきである）

何千年という長い間、多くの人がこれを戒めの言葉としてきたが、八代は身を以って経験し思いを深めた。八代だけでなく同時代の人々は、概してこうだった。戦いの最中は勿論《もちろん》敵を憎むが、済んでしまえば、敵といえども健闘を讃え死者には敬意を払い、敗残者に対しては酷い扱いを控えた。「相手を敬うというモラルを持たなくてはならない」、これは日本では武士道と呼ぶが、他の国々もそれぞれに持っている本源的な不文律だろう。かつて新渡戸稲造は西洋の視点と西洋の歴史観に基づいて、日本の武士道を英語で紹介して大きな波紋を呼び起こした。『武士道』を読んで欧米人は初めて日本人が非文明の蛮族でなく、万国に通じる高い規範を持っていることを認識したと言われる。

（二）

だが、日露戦争の後は、せっかく先人たちが育ててきた武士道精神を次第に失い、変質させてしまって、自己中心的で私欲にまみれ、他者を軽蔑・差別し、酷薄に扱うという、似ても似つかないものにしてしまった。現代でも折に触れて「Samurai Spirit」というが、闘争心を讃える面だけが強く、他者への敬意という重要な反面はあまり論じられない。

「(日露）戦後の日本は、この冷厳な相対関係を国民に教えようとせず、国民も知ろうとしなかった。むしろ、勝利を絶対化し、日本軍の神秘的強さを信仰するようになり、民族的に痴呆化した。

日露戦争を境にして国民的理性が大きく後退し、狂躁の昭和期にはいる。やがて太平洋戦争をやって敗北するのは40年後のことである」（司馬遼太郎）。民族的に痴呆化したと言うが、それ以外に言いようがないという思いに暗然とする。同じ国民が短期間にこうまで極端に変貌してしまったのは何故だろうか？

駿府城辰巳櫓《たつみやぐら》の下に大きな橋があるが、この橋を渡って上海戦に出征した静岡連隊３８００の兵は、戦死１２５８、戦病死62、戦傷者２１４６、健常者はわずか３３４名となった。わずか80日間に生じた犠牲は、実に９割だった。その実相は、事前の準備がほとんどなく、敵地の情報も、地図さえもろくにないまま上陸作戦を強いられて、ドイツ軍事顧問団の指導で重厚に作られた何段もの防衛線に阻まれて、進むことも退くこともできないまま、いたずらに損害を増やしたものである。作戦を立案した「秀才参謀」らは日清戦争当時の記憶のまま「シナ兵は力攻めすればすぐに逃げ出す」という前提で、計算を重ねていた。これだけの死者を出してから初めて「敵陣は強固」という現実を認識したのである。

若き日の八代の懸命な勉強ぶりと比べると、まるで人種が違うのかと思える。それとも、「戦争がその国を変質させる作用は、破れた側よりも勝ったほうに深刻である」という厳しい真理なのだろうか？　戦国時代、甲斐の国の武田信玄は次のような箴言《しんげん》を残している。

およそ軍勝、五分を以って上となし、七分を中となし、十分を以って下となす。その故は、五分は励を生じ、七分は怠を生じ、十分は驕《きょう》するが故に、たとえ戦いに十分の勝ちを得るとも、驕を生ずれば次には必ず敗れるものなり。すべて戦に限らず世の中のこと、この心がけ肝要なり。

（三）

同時代の人は八代を「侠者《きょうしゃ》」であるとした。侠者とは何者か？　というならば、まず易水を渡った荊軻《けいか》があげられる。わが国では楠木正成であり、上杉謙信と続く。侠とは則ち己の利害を顧みることなく義を行うことである。八代は2人の父の教えに従い、生涯を「侠」と作り上げた。侠が中国的色彩の強いイメージなら、日本に入った侠はむしろ義として定着したといえるだろう。義に情が裏打ちされて義理と人情の世界が形成された。情の無い士は真の士ではない。武勇と人情を併せ持ってはじめて本当の士になって、武士道が出来上がる。八代の中では侠と義は同じ価値だった。

また一方で彼は情の人でもあった。

彼は男性的な詩を残したが、同時に情緒豊かな作品を愛した。長恨歌も琵琶行も諳《そら》んじていたが、彼にとって最も大切な詩は何であったかを選ぶとすると直江兼続をあげたい。兼続の人物像は八代にとって理想だったに違いない。圧倒的な兵力を擁する徳川の遠征軍に向かって、何分の一の兵力で戦いを挑んだ姿は、日清・日露の時の、何倍もの敵と闘った八代と重なる。表の顔は勇士でありながら、裏の顔は憂いに涙する多感の人、この合わせガラスのような二面性は、勇者の眉宇《びう》の間に、憂愁の波紋をおぼろに映し出す。我々はこの翳《かげ》りをこよなく愛するのである。八代はこの翳りを自分ではあまり見せず、詩を借りて心の内を吐露する。すると、一見単純な色彩に見えがちな八代像が、微妙な光の屈折によって独特の味わいを出していることに気づく。

八代は自分を律するには極めて厳格だが、他人を許容する深さがあった。世俗の利益には淡泊で高僧の雰囲気もある。かと思うと俗界に沈淪《ちんりん》して大酒を喰らい、市井の人と分け隔てなく楽しんだ。

そこは自由自在である。

（四）

国が滅ぼされるという恐怖は、日本の近代化の原動力となった。これほど短期間にこれほど大量のエネルギーを投入した例は、世界の歴史にあるだろうか？　明治政府ができて、辛うじて独立を保った日本は、ただちに世界的な近代化の競争に入らなければならなかった。喩《たと》えてみると、陸上競技がすでに始まっていて、先進各国はもう何周も回っているところへ、途中から走り込んだようなもので、準備もなにもない、ただ懸命に走って追い付くしかなかった。走りながらルールを覚え、運動着に着替え、草鞋《わらじ》を靴に替えたようなものだが、そんな滅茶苦茶な種目のうち、八代が担った分野が海軍だった。

今は戦争そのものを知らない人がほとんどである。戦後の復興期、高度経済成長の時代すら知らない世代が増えたが、バブル期には、戦争で負けた分を経済で取り返すような勢いのままアメリカに迫り、経済誌の表紙には「もはやアメリカから学ぶものは何もない」という見出しが躍っていた。国を挙げて驕したあげく、バブルを破裂させて沈んだ。これは経済の敗戦なのだろうか。我々の世代も武士道を貶《おとし》めてしまったのではないだろうか？

では、この先、わが国は何によって立つのだろうか？　一つだけ確かな解があるとすれば、武であれ、商であれ、はたまた文であっても、観光・技芸であっても、世界中どこの国も理解できる規範を持ち続けることだろう。それが武士道だと思う。武士道だけが優れたものというべきではないし、どこの国も優れたものを持っているが、日本には武士道があることを、もう一度考えたいものである。

八代は軍人として職分を全うしたが、他の職業の人々の中に、自分と共通する価値観を見出し、分け隔てなく友情を結んだ。その友人たちが等しく持っていたものは、自分の業に全力を尽くすということ、それが社会に益することを信じた信念の強さである。八代が体得した陽明学の真髄は「盡己《じんこ》（己《おのれ》を盡《つく》す）」であり、「盡己」とは自分の為すべきことに対して、勇敢に且つ誠実に取り組むことである。言葉にしてしまえばこれだけの事だが、それが如何に困難なことか、それを成し遂げた具体例として、八代六郎という個性豊かな武人の人生を紹介したい。

もくじ

第1章　楽田五千石

（一）

　愛知県犬山市楽田《がくでん》、その地名からも偲ばれるように、大河木曽川がゆるやかに水を運んで、広々とした野を作り、豊かな水田が広がっている所である。楽田城山小学校は、宅地開発が進む以前は、田に水を引くとあたかも小高い島が、水に浮かんでいるような風情だった。

　小高い島とは、その昔、豊臣秀吉が東に蟠踞《はんきょ》する一大勢力、徳川家康と雌雄を決した小牧長久手の戦いの時の、秀吉側の城で、自然に盛り上がっていた地形に、大急ぎで土盛り工事をして「城山」に仕上げた場所である。高みに登れば家康が陣取った小牧山まで見通せた。この戦いは大軍同士が陣地を構築して、先に出た方が不利になる状況下で持久戦となったが、秀吉側がこらえきれずにしかけて敗北を喫した。このために、秀吉の対徳川戦略がおおいに狂い、天下人となった秀吉に対して、家康が独特のスタンスを取り続けたきっかけになった。また、家康の武名が伝説的なものになったのも、この戦からである。何しろ、痛烈に秀吉軍を破り、秀吉から講和を申し入れさせたという事実は、後々、家康が戦国の荒くれ諸大名たちを統率する上で、たいそうモノを言った。
かつて犬山藩領だった楽田から、犬山のお城までは約10キロメートル、小さな川を何本か越えて行く。春風江上の路の行き着くところ、木曽川が削り残した小山に、前方濃尾の野、後方は断崖、難攻不落の犬山城がそびえる。小さな城だが川面から見上げると80メートルの高さに天守閣が聳《そび》え、見事な景観を作っている。長江に臨む白帝城になぞらえて、今でもこの城を白帝と呼んでいる。ちなみに、水に任せて下れば、江南市へと至る。こんな地名がもたらすイメージも、八代六郎の生い立ちを知る手掛かりになろう。

八代の家は、楽田五千石の大庄屋で、尾張丹波葉栗《はぐり》18衆に数えられた旧家だった。名字帯刀を許されて、1万2300坪の広大な屋敷に住んでいた。だが、それでも身分は百姓である。この、大変豊かではあるが身分は低いという捻《ね》じれた社会的地位が、六郎少年の人格形成にどのように影響したかは定かではない。なぜなら、八代六郎は、およそ劣等感というネガティブな心理とは、まったく無縁と思われる、明快で力強い人生に終始したからである。強いて取り上げれば、犬山藩校敬道館に入学を許されたのだが、そこは士分の子弟ばかりで、六郎は完全に黙殺されていた。それというのも、門閥を貴んだ時代であるから、なんといっても、武士階級からいえば、八代は町人百姓の倅《せがれ》である。武士階級の子弟が相手にしなかったのも無理はない。差別にも等級があって、相手の存在を認めるが差別の対象にする段階は、比較的緩やかな方で、根本的な差別となると、相手がいても全く視野に入らず、空気のごとく無視するという。六郎が経験したのは、この後者の方だった。六郎を藩校に呼んだのは、実は六郎の家庭教師をしていた藩校の教授だった。犬山藩の儒者、柴山伴男を自宅に招いて国学・漢籍を学び、また彼の塾でも学んだが、その関係から敬道館に通えるようになった。

（二）

六郎の父松山庄七は、たんなる田舎の資産家ではなかった。庄七は相撲好きの剛毅な男で、剣術も得意。邸内に土俵を作り、力士合宿所を設けて他国からの力士を合宿させた。いわば相撲部屋を所有していて、自らも「田舎大関」を名乗った。金力・財力・権力・実力を持ち人望も厚く、地方の名士だった。

また、尾張徳川藩は藩祖以来、勤王の思想が強く、江戸の徳川本家よりも、京都の朝廷を重んずる風があり、犬山藩も、それにならっていた。尾張藩のこの藩風は、自然に幕府側に漏れて、警戒と疑念を持たれて、いろいろな冷遇が続き、尾張藩も幕府を憎むという経過をたどった。幕末、尊王の運動が盛んになると、丹波一帯では勤王義勇軍が組織され、これを尾張藩主が引見したほどである。つまり公的な組織として認知した。徳川御三家の筆頭にありながら、討幕の軍をやすやすと引き入れて本家に弓を引いた奇怪な行動は、裏切りに見えるが、尾張藩にとってみれば時期が到来したという感じだった。庄七はこの勤王義勇軍の幹部となった。水戸天狗党の部隊が近くを通過した時には、長男義根を伴って天狗党幹部と会談している。この時の天狗党との出会いが、八代逸平という人物を引き寄せ、ついに六郎は八代姓になる運命をもたらしたのだが、そのことは、おいおい説明する。庄七明治23年（１８９０）死亡。

六郎の長兄は、松山義根という。これがまた特異な人物で、革命家ともいうべき生涯を送った。上述したように、父に連れられて天狗党との会談で、世が世なら革命軍となったかもしれない武装部隊を見たのは、今日で言えば小学生くらいの年である。次に長州征伐では、父に従って従軍、これが15歳の時である。官軍が鳥羽伏見の戦いで徳川連合軍を破った後、有栖川宮東征軍が東上すると、義根は名古屋で１４０名の磅礴《ほうはく》隊という義勇軍を率いて参加、ただちに本部警備担当の参謀になり、上野彰義隊征討戦にのぞみ団子坂で激闘、隊士の多くを失い、自らも右耳を負傷して帰郷した。その後、村長を務めたりしていたが、私財を拠出して城山小学校を建設、明治14年には国会議員になったが、明治23年帝国議会開設の時、衆議員となった。小学校以外にも、中学校や名古屋の女子短大への寄付など出費も多く、選挙費用に大消費したことなどもあって、70町歩の田畑と２００町歩の山林を失ってしまい、第２回は選挙費用がなく立候補を断念した。明治39年、日露戦争後ドイツへ赴く六郎を横浜港へ見送りに行った折に、脳卒中で死んだ。実は父庄七も同じ状況で、六郎がロシアへ赴任するのを見送りに行き、同じ場所で死んでいる。何という運命の符合か、六郎も浅からぬ因縁を感じて、少しばかりの土地を求めて墓所として供養した。八代が死んだときの遺産は、不動産と言えばここだけだった。

（三）

義根と八代逸平の仲は、いわゆる肝胆相照らすものだった。水戸天狗党が犬山近くへ来た時、隊列の中に八代逸平がいたはずだが、幼い義根はもちろん気が付かない。後に天狗党滅亡後（大垣藩が通過を拒んだので、北転し越前大野を経て今庄にきた。ここは彦根藩の取り締まり管内であったから、桜田門外の復讐とばかり、詐術をもって武装を解き、後は酷烈な仕打ちを加えた後で処刑した）、八代は庄七を頼って犬山へ隠れ住むようになった。ここで義根と逸平は急速に親しくなって、国事を語り合うようになった。そもそも逸平が何故犬山へ来たかというと、京都の公家大原三位重徳が尾張勤王義勇軍結成を聞き、これを統制すべく八代を監察として派遣した。したがって、天狗党の中でも、やはり立場の違いがあり、捕縛を免れたのかもしれない。あるいは、捕縛後に開放されたのか？　逸平は眼の上下に恐ろしい刀傷があり「独眼竜」と称せられていた。やがて八代逸平も病んで死期を自覚するようになった。風雲を駆け抜けた一生であるが、妻も子も無く、気が付けば天涯孤独、八代の家名も自分で絶えると思うと居ても立ってもいられなくなり、義根に六郎を嗣子に欲しいと懇願した。松山家は長男義根が八方走り回り、どこで死ぬか分からない状態だったので、早くから家督は六郎に継がせると決めていた。一族の大問題になったが、義根は自分が家を継ぎ、六郎を八代にやる約束をした。周囲の人たちは大反対だったが、最後に父庄七が承諾して決まった。そこで、義根は実家に根付き革命運動も終わった。

こうして六郎は、松山姓から八代姓になって武士の身分になった。養子を得た逸平は、回天詩史、新論を講じ、武道を教え、礼儀作法、しつけも厳格にやった。寒中でも紋付の夏羽織に足袋無し、長刀を帯びさせた。８歳の子供が大刀を挿して歩くと、こじりが床をこすって音がしたといわれている。やがて死の時が来た。遺言は以下のとおりである。

遺言之事

其許儀、此度拙者猶子に貰い受け、満足せしめ候。此上は文武両道に励み、外夷の文典を学び、彼国にも押し渡り夷情を詳にし、皇国の為に忠勤を擢《ぬきん》でらるべきものなり。守るべし。守るべし。守るべし。死に臨んでは書けず。

以上

戊辰之歳

逸平

八代六郎殿

（こうして、おまえを養子に貰い受けて、私は満足している。この上は文武両道に励み、外国の学問や制度などを学び、積極的に外国へ出かけて行き、相手の国の事情を詳細に研究し、日本の為に尽くしなさい。〔この言葉を〕守るべし。守るべし。守るべし。もう死が近く、これ以上は書けない）

かつては、ガチガチの攘夷主義者で、若いころは、たびたび外人を襲撃したと噂された逸平だが、ここでは180度転換して、極めて開明的で、進んで外国へ渡り、できる限り学ばなければならないと諭している。鎖国攘夷の勤王から、開国勤王へと、柔軟に考えを変えている。「守るべし」が連続3回も続くところは、一途な必死の執念が籠《こも》っている。この辞世の言葉も、一度読んだら忘れられないものがある。

八代六郎は、この遺言の通りに生きた。

八代逸平を想像する時、次の詩を連想せざるを得ない。梅田雲浜という極めて急進的な革命家で、自分一身はおろか家庭も何もかもすべてをなげうって奔走する姿は、幕末志士に共通する激越なものがあるが、逸平も義根もよく似た男である。

妻は病床に臥し児は飢えに泣く

（妻は病の床に横たわり我が子はひもじさに泣いている）

身を挺して直ちに戎夷《じゅうい》に当らんと欲す
（別れは忍びぬが、国の為この身を投げ出し、外夷を打ち払おう）

作者、梅田雲浜《うんぴん》は安政元年（1854）3月、ロシア艦隊が大阪湾に侵入すると聞き、十津川の郷士たちとこれを襲撃するため、病床の妻子と別れる。後の事を、鳩居堂の熊谷氏に託し一人家を出る。このときの心境を詠んだのが、この句であるが、大阪に着くと、ロシア艦隊はすでに去っており、京都に戻ってはくるが、家庭の生活は悲惨を極め、翌年3月、病床の妻は亡くなり、その翌年長男も5歳で亡くなっている。その後、雲浜は一層国事に奔走し、安政5年の秋、京都で病に臥しているところを逮捕され江戸に護送され、翌年9月14日牢死、享年45歳であった。

（四）

逸平亡き後の六郎を見てみよう。明治初期、学制は未整備で、旧時代の藩校や寺子屋や郷校などを、官制の諸学校にまとめていく過程で、犬山藩、尾張藩の学校も廃校や新設を経て統合されていった。八代六郎は、学校制度の改変に従って転々と入退学を繰り返した。

まず名古屋藩兵学校、これが廃校になって名古屋藩中学校に入る。藩の兵学校に入った時は12歳、最年少で体も小さく、銃が長すぎた。教官が見て「どうもいかんな、短く切ってもらおうか」

と台尻を20センチ以上切ってようやく担げるようになった。名古屋藩中学校も廃校になって愛知県随一の愛知英学校に入学したが、ここも短い。外国人講師の費用がかさむので、各地の英学校を東京に集中することになり、明治10年（１８７７）に廃校という事情である。在学4年。

英語学校と聞くと、現代の我々は語学専門学校を連想するが、当時は英語学を学ぶことは最先端の諸学を学ぶことだったので、校名が英学校でも内容は「西洋の学問を学ぶ所」で、当時全国7校しかない官立校の一つだった。愛知英学校は県立愛知一中をへて今日の旭丘高校に続いている。六郎は16歳になっていた。ここの同窓生には、加藤高明（後の総理大臣、八代のロシア時代には廣瀬武夫の義姉が加藤の親戚という縁が生まれた）、坪内逍遥（作家）、三宅雪嶺（評論家）などがいて、加藤とは公私にわたって長い付き合いがあった。加藤はシーメンス事件の収拾に海軍大臣候補として八代を強く推薦した。坪内とは気の置けない友達だった。

愛知英学校が統合されることになった時、尾張藩では優秀な若者たちを東京へ送り出した。この時、加藤や坪内らと袂を分かち、八代だけは創設間もない築地の海軍兵学校を目指した。立身出世なら法科を出て官僚になるコースを選ぶはずだが、あくまで海軍にこだわり、友人に向かって、

「もし、海兵が受からなかったら、俺は新門辰五郎のところへ行って侠客になる」

という、八代ファンの間では有名な言葉を吐くのである。養父八代逸平の遺言はどこへ行ってしまったのだろう?と思うが、これは若者の通例なのかも知れない。湧き上がる精気、エネルギー

の発するところ、仲間同士では常に競争があるが、勝ったり負けたりしながら将来の方向を決めていく。そんな状況の中で、自尊を貫くことには多くの無理や不自然さも生まれるが、そうして大人になってゆくと見れば、八代の答えも面白い。

幸い、合格した。

彼が合格したことが、明治の日本海軍にとって、どれほど有益だったかは、順々に書いてゆく。ちなみに、司馬遼太郎は青春時代の苦い回想を書いている。それによると、司馬は旧制高校を受験して落ちた。一緒に受けた友人は合格して、将来の夢を語り続けたあと、ふと我に返った。

「それで、君はどないすんのや?」司馬はとっさに、

「わしは満州へ行って馬賊になるんや」と答えるのである。

ちなみに、戦前の日本人の感覚では、侠というのは、武士道の観念に近いものがあった。今日の侠には反社会的暴力団の面と、弱きを助けて強きを挫《くじ》く正義漢が混在しているが、八代の中では侠とは、もののふの道だった。中国史では、侠者といえば、真っ先に荊軻《けいか》の「風蕭々《しょうしょう》として易水寒し」の場面が思い出され、自分の命や財産を顧みずに義を行う人のことだった。つまり、不正と戦う反骨が侠だった。清朝末期に日本に来た梁啓超は、日本の武士道に感銘を受けて、中国における武の系譜をたどりながら、列伝形式で『中国の武士道』を著したが、その中で取り上げたのは、侠者だったという。「侠の精神」を蘇《よみがえ》らせることで、腐敗堕落した清朝の改革を行おうとした。菜根譚《さいこんたん》の「一点の素心七分の侠」「交友須《すべか》らく侠気を帯ぶべし」という言葉は、侠すなわち

義というニュアンスである。

それはともかく、八代にとっては、自分一身の出世よりは、日本の国を如何に守るか、という大きな課題があった。実父も養父も、外国の侵略から国を守ることが最大の目標だった。今日では想像することは難しいが、日本が欧米諸国の植民地にされてしまう可能性は、現実問題として濃厚だった。列強が世界地図を塗り替えてアジアにまで及んだ時代、中国は領土を次々に強奪されていた。ベトナムもビルマもインドネシアも台湾も植民地になり、朝鮮も時間の問題、残るのはタイと日本くらいのものだった。更に、列強の圧力は、軍艦（軍事基地がそっくり航行するようなもの）で迫り、わずかな数の戦艦によって、不平等条約を結ばせ、領土を割譲させてきたのが江戸末期のアジア情勢だった。従って、列強に対抗できる海軍を育てることは、日本を救うことだった。

八代が早い時期に愛知英語学校で勉強しているのは、内外の情勢に明るく、時代の変化を的確に読む人々がまわりにいたからである。八代の生まれたのがちょうど万延元年（１８６０）、明治維新の８年前だから、相当早い時期からこの子を新学問で育てようとした点は注目に値する。

あるいは木曽川の水上運輸の要地である犬山は、戦国時代以前からモノと人と情報が行き交う特異な地だったことも、背景の一つとして考えられる。伊勢湾から北上してくる舟が京阪や江戸の風聞を伝え、珍しい外国語で書かれた文物を持ち込んで、大人たちを刺激し、六郎少年の好奇心を掻き立てたかもしれない。

港町は外界との接触を通して、自分たちとは違う人たちと接し、異なる価値観を知り、売り買いという行為が、そうした違いを前提としつつ全く対等な交渉で成立するという仕組みを定着させ、多様で自由な空気を作り出す。内陸の山村から出たこともない人々とは思考も行動も違っていた。しかも、交易は、風雨難路を克服しながら盗賊どもと闘いつつ往来するものであるから、もともと冒険心に満ちている。「落ちたら侠客になる」という飛躍は、本人にとってみれば、案外当たり前の選択かも知れない。このあたりを小笠原長生は、

「人によっては八代将軍を衒気《げんき》があるとか、芝居をやるという人がいるが、八代将軍自身は、どんな風に人が見ようが、また言おうが、そんな事には一切かまわず、意に介せず、自分の思う所はこれを言い、自分の信ずるところは之を行うという、いわゆる、直情径行の人であった。今日の如き軽佻浮薄なる人心、偽り多き人の世においては、或は八代将軍の言行のごとき、芝居と見られ、衒気と見られるかもしれないが、しかし、左様に見る人こそ、その人自身の心が曇っており、将軍を見誤っている」

と理解を示している。ついでながら小笠原は、唐津藩主で老中をつとめた小笠原長行の長男として、維新の２年前に生まれている。学習院から攻玉社を経て海軍兵学校に入るが、入学の年に子爵を授けられている。海兵14期卒で35／45の成績、同期に鈴木貫太郎がいる。八代とは「高千穂」

で一緒に戦い、八代が2番分隊長、小笠原が4番分隊長だった。生涯を通じて親密な友人であり、八代に最も近く、また趣味や教養も共通するところが多かった。八代は7期も先輩だがお互いに遠慮なく「貴様と俺」の間柄だった。文才に優れ、戦記や伝記を書いた。八代が有名になっていくうえでも小笠原の存在は大きかった。

八代の一代記を読むと、勇敢で無欲、しかも詩歌を愛した非の打ちどころのない武人に見える。世の中に多い典型的な英雄譚の一つと思うが、時々、おやっと思わせる所があって興味が深まる。八代は戦陣にあって、部下が敵の混乱した様子をあざ笑った時、こんな言葉を残している。

「人間は逆境に立つと血迷うものだ。滅多に笑うことはできないぞ」

軍人は戦いに生きるものだから、臆病は禁句であり、常に勇壮でなければならない。むしろ勇を装うのだが、八代は、平常心を失って取り乱したり、恐怖にすくむ兵を笑ってはいけないという。我々は鳥の飛び立つ音におびえて潰乱《かいらん》した平家の軍を笑う。だが、八代は「人というものは、もともとそういうものだ」と見ている。そのうえで、怖いと思うことはやむを得ないが、自分の仕事は忠実に果たせ、と命じる。八代が装甲巡洋艦「高千穂」の艦長だった時、部下の中にはいたずらに大言壮語したり、豪傑ぶる兵士は一人もいなかった。冷静沈着に職務を遂行することだけを求められていたから、自然にそうなった。

八代はこれを「沈勇」と言った。

日本海海戦では「浅間」は敵弾を浴びて舵を壊されて浸水し、1メートル以上も沈んだ。動きが鈍くなった「浅間」にはますます砲弾が集中した。僚艦から見ていた人が戦後「あの時は凄まじかった」と話した時に「そうかい。俺は前しか見てなかったから、知らん」とつぶやいた。八代にとっては、艦長は艦橋に立ち続けてその姿を全員に示すことが職務だった。事実、兵士たちは敵を見据えたまま屹立する姿に支えられて戦い抜いたのだった。

八代の特質に、どんな人にも同じように接するという美点がある。

「将軍は、陸上と海上とを問わず、いついかなる場合でも、また相手が新兵であっても、厳格な答礼をしたので、敬礼をしたほうがかえって面食らうことがあった。決して等級のいかんによって手のあげ方を加減することはなかった。これによって、どれだけ部下が心服したか計り知れない」

と同時代の海軍将官は書き残している。また八代の晩年の手紙が残っていてある出来事を伝えている。

「先日、大船駅で1200〜1300人ほどの旅客が足止めを食った。1人も不平を言う者がなかったが、1名紳士らしき人が駅長に文句を言っていた。傍らにいた大工らしき人が2、3人『天災だからな〜』と声をあげたところ、紳士もバツがわるくなって立ち去ってしまった。これを見て、自分はひどく感心して、真の日本紳士貴婦人は下層階級にいるのだと思い至った」

「実に将軍は自ら奉ずること薄く、かの小石川原町の住宅の如きは2畳敷の玄関から直ちに客室を見通せる有様で、せいぜい少佐か中佐級程度の住宅で、到底これが現に枢密顧問官で海軍大将であり、また先には海軍大臣であった高官の住宅とは信じられないものであります。私はこの私宅に出入りするたびに、『無欲則所行自簡』の額を仰いでいつも無限の訓戒を感得したものであります」（百武三郎海軍大将）

「大将の葬儀に参会したる人々の顔を見れば、学生あり、力士あり、僧侶あり、神官あり、学者あり、寡婦あり、孤独者あり、思想家あり、武芸者あり、文士あり、政客あり、あらゆる階級、あらゆる種類を交え、浜口首相の前には一老婦の孫らしきを伴えるあり。東郷元帥の後ろには職人らしきものの進むあり。上は畏くも、勅使を始めとして、朝野知名の人を網羅し、これに混じりて猫も杓子も棺前に告別するの状は、是を目撃する私をして、まことに徳は孤ならずの言を深く味わしめたり」（森越太郎中将）

かくも多くの人々に敬慕された八代を想うと、泰西の武将の葬列を連想する。

プルタークの英雄伝では、ペロビダスの死をこう伝えている。

彼の死を聞くや、兵士たちは一人として甲冑を脱せず、馬の手綱をはなさず、酣戦《かんせん》したままの武装をして、負傷を包まず、彼の遺骸に駆けつけ、彼ら自身の髪を切り、天幕の内に火を炊かず、晩餐を取らず、静寂と哀愁は全軍を蔽うた。

彼の戦没の報が各都市に伝わるや、立法官、青年、小児、祭司らは、月桂冠、戦勝旗、黄金の甲冑を捧げて、彼の遺骸を迎えた。

郷里の大縣神社に伝えられる八代の座右の銘は「文臣銭を愛せず、武臣死を吝《おし》まずんば天下泰平ならむ」である。人は自分の職務に対して誠実であれ、ということに尽きると思うが、誠実であることには勇気が必要で、文臣が金銭に対する執着を断ち切る勇気、武臣が死を恐れない勇気、ともに不断の努力と修行が求められる。

だが、八代もまた人の子、時には悲しみにくれることもあった。ロシア時代に、そんな八代の姿を目撃した廣瀬武夫は「八代中佐は、悲しいことがあると、決まって王陽明の詩を吟じていた」と伝えている。

険夷素不滞胸中　　険夷《けんい》素《もと》胸中に滞《とどこお》らず
恰似浮雲過大空　　恰《あたか》も浮雲の大空を過ぎるに似る
夜静海濤三万里　　夜静にして海濤《かいとう》三万里
月明飛錫下天風　　月明らかに錫《しゃく》を飛ばして天風下らん

いつの頃の作品かはわからないが、軍人らしからぬ歌もある。

こしかたの　ゆくへも知らぬ　身にしあれば
　舵なし舟の　波のまにまに
春風に　散るべかりしを　さくら花
　しばし遅れて　雨にうつろふ

八代が示した明治の勇者の像を本伝で描こうと思う。

第2章　海軍兵学校

(一)

海軍兵学校は、最初の校長川村純義の次のような建議を受けて設立された。

「軍艦は金さえあれば、いつでも贖《あがな》うことができるが、人物はそうはいかない。海軍士官の養成は目下の急務である。学校を建てて５年、実地研究が10年、つごう15ヶ年かけて、やや見るべき組織となりましょう」

当初広島藩邸内に置かれた海軍操練所が、海軍兵学寮を経て６年後、海軍兵学校になった。川村の予言を追って、兵学校設立から15年後の国際情勢を見ると、清国の北洋艦隊が急ピッチで建設されており、その実力は、もはや日本海軍の艦艇では歯が立たないと危惧されるようになっていた。その後、急ぎに急いで増強し、「都合15年かけて、やや見るべき組織」は、清国艦隊に辛うじて追い付けそうな、ギリギリのタイミングで開戦を迎えたのだった。設立後15年間に育った士官は、ようやく２４１名でしかなかった。最初は、各藩から貢進生、選抜生などを募って何とか授業を始めたが、戊辰戦争の生き残りも少なからずいて、教師に対して「実戦の何たるかも知らずに何を教えるのか」という侮りもあったり、将来に見切りをつけて退学してしまったりで、兵学寮1期生はわずか2名の卒業という寂しい出発であった。

明治6年（1873）にイギリス海軍から、ダグラス少佐以下34名の教官を招いて、兵学校の指導を委ねた。これから、それまでのオランダ流からイギリス式へと変わった。当初は教科書も全てイギリスから持ち込んで、英語による原語授業だった。やがて、原本の翻訳が進むにつれて日本語の教材が充実していった。太平洋戦争のころになると、ほとんど日本語の教科書で間に合うようになっていて、生徒たちの英語力は却って落ちていた。山本五十六に質問されたある生徒が「我々は横文字が苦手であります」と弁解した時に「一体どこの国と戦っているのだ（相手の国の言葉すら理解できなくて、どうするのか）」と叱られたほどだった。この点、八代はみっちりと英語をやっていたから、不自由はなかった。

英国海軍の歴史・制度・教育訓練法をまるごと導入し、兵学校ではシーマンたる前に紳士（ジエントルマン）たるを条件とした。この背景には、イギリスのダートマス海軍兵学校の歴史が関係している。ダートマス兵学校も、設立当初は艦の幹部のコネでもぐりこんだ少年が多く、もっぱら親分（ボス）の手元で、体で覚えるという具合だった。荒くれた風で規律もなかったので、奔放な悪童を体罰でしつけ、成績不良者は容赦なく退学させるなどの厳しい方針の下で近代的な士官養成学校へ転換して行った。入学試験も厳正に行うようになって、次第に生徒の出身母体も特権階級や中流階級以上に集約されていった。「シーマンたる前に紳士であれ」という教育は、上流階級の子弟教育そのものであった。その点は日本の社会的背景と大いに異なっていた。昭和6年（1931）、イギリスから招かれた教師セシル・ブロックは「日本の海軍兵学校では、皇族も大工や農民の子弟も、一緒になって学んでいる」と知ってたいそう驚いた。東郷平八郎などがダートマス海軍兵学校留学を許されず、やむなく商船学校で勉強した裏には、ガラスの壁があって、「年齢制限」を理由に、体よく門前払いされたと見る人もいる。官費留学した東郷平八郎と私費留学の長府藩士服部潜蔵が学んだところは、「練習船H.M.S.ウースター商船学校で学ぶ民営テームズの航海訓練学校」だった。身分の壁が最初から無かった日本の海軍兵学校は、八代には居心地が良かったに違いない。セシル・ブロックがいみじくも言った「江田島の理想は武士とイギリス紳士の融合である」姿が、八代の在学したころは強く意識されていたと想像できる。

校風は、(1) 厳格な規律、(2) 必勝の信念、(3) 強い責任感、(4) 率先躬行《そっせんきゅうこう》、(5) 陣頭指揮、(6) 時間厳守、(7) 目先がきくこと、(8) 几帳面、(9) 負けじ魂、(10) 清潔整頓、などが強調され、政治にはかかわるな、と教えられた。また、海兵の特徴として、船というマシーンの操縦が基本であることから、機械の原理や構造から、気象、風力や距離計算に熟達することも求められ、(11) 科学的・実務的であることは大きな特徴であった。八代は太っ腹で細かな事は言わない主義だったが、そうかと言って、細部をいい加減にしたのではない。分かっていても口にしないで、部下に任せたので、部下が「どうせ分かるまい」などと侮ることもなかった。「小事にはあくせくしない。大事なことだけ抑えておく。ただそれだけでよい。それを、統率力という」が、八代の訓示である。

明治期の将官たちは、概してこうした性向を持っていて、中間管理職までは極めて緻密で優秀な実務家だったのが、次第に部下に任せるようになって、自分は超然とするようになる。後年、その「超然」の様《さま》を真似る風潮が蔓延して、実務に疎くなり、大事なことも抑えられず、部下が上司をないがしろにする下克上の素地を作った。

海兵の校風のうち、八代は（1）番目の厳格な規律に関しては、かなりズボラだった節がある。むしろ、四角四面を嫌って人間本来の性質を大事にした。若い人の問題については、あまりやかましいことは言わないようにしていた。例えば、こんな事があった。

「高千穂」に乗艦していた時は、野村艦長に仕えていた。士官の中に髪をチックやポマードでテカテカに撫でつけ、香水の匂いをプンプンさせていた者がいた。ある日、士官室で宴会が始まり、野村艦長も加わって飲んだ。艦長は酔うと靴を脱ぎ棄てて卓上にあぐらをかくのが癖だった。上着も脱いで辺りを睥睨《へいげい》すると、恐ろしくて相手をする者がいなかった。八代だけがテーブルに上がって行って唐八拳の勝負が始まった。そこへ例のポマードをつけた士官が所用で顔を出すと、酔った上に唐八拳で殺気立った艦長が見とがめた。

「おい！　貴様は気に喰わん奴だ。鬢《びん》付けか何か知らんが、いやにテカテカさせて、プンプンさせやがる。それでも貴様は帝国海軍の軍人か！　そんな頭はフカにでも食われてしまえ！」

怒鳴られた本人は真っ青になり、周りの者たちは肝を冷やして、どうなることかと事態を見守っていた。

八代だけは笑って、

「艦長、艦長、そんな野暮なことを言うもんじゃありませんぜ。艦長は、いまお歳はおいくつでしたっけね。確か50とかお聞きしていますが、それでも艦長はかなり（女性に関して）ご発展と聞いてますぜ。あんまり若いもんに雷を落とすもんじゃありませんぜ」とやった。

艦長は「ご発展」には文句も言えず笑い出してしまい、事なきを得た。

（２）番目の必勝の信念や、（９）番目の負けじ魂は、海兵で学ぶより先に八代の中に備わっていた性質である。（４）番目の率先躬行も、八代が生まれながらに持っていた美徳を、海兵で更に磨いたと言えるだろう。これは普段からできるようになっていないと、とっさの場合には実行に移せないが、八代は口で言うよりも早く体が動いた。八代が「宮古」の艦長になった時だった。義和団事件に関連して釜山に向けて玄界灘を航行中水兵が落水した。

「人が落ちた！」

「どこだ」

「あれ、あそこであります」

と、聞くが早いか服を脱いで八代が飛び込んだ。艦では大慌てで停止させて短艇を降ろした。八代は水を飲んで意識を失っていた兵を横抱きにして泳いだ。船に救い上げて溺れた兵を逆さにして水を吐かせると意識が戻った。

「どうだ、気が付いたか」

「はい。もう大丈夫であります」

「貴様！　艦長に助けていただいたのだぞ」

「ハッ、そうでありますか。申し訳ありません」

　傍にいた八代は、

「以後気をつけろよ。置いてきぼりにされてフカの餌にでもなってみろ、フカ（浮か）ばれんぞ！」と親父ギャグを放った。この事件後、艦内の士気は最高に高まった。

　この話はできすぎているようにも感じるが、現場には多くの目撃者がいたのだから、事実である。何よりも、とっさに海に飛び込んだ勇気と行動力は勇と仁が本物である証拠だ。

（二）

　海兵第8期、言ってみれば創成期の未整備な学校での八代はどんな学生だったのだろうか？教えられることだけを、素直にまじめに勉強したというよりは、むしろ積極的に自分から進んで、何をどう学ぶかを考えて実行していたように思える。嘉納治五郎が講道館で柔術諸派を整理して創始した柔道に、いち早く注目して自分から学び、後に教官になると、海軍兵学校の必修科目にするように提案するなどの行為は、学校から与えられるものを待つのではなく、どう学校に益するかを考えていたから生まれたものである。武道もさることながら、八代は有益だと思う書物はいつも人に紹介していた。知識や情報をできるだけ仲間や部下と共有していた。そうすることが、海軍を強くすると信じていた。卒業して任官すると、良い本があると、給料の中からまとめ買いをしては、人に贈っていた。親友の小笠原への私信では「せっかく紹介してくれた本だが、今は買えない。というのも、先日何々の本を１００冊以上買って配下の士官たちに配ってしまって、金が無い」などと書いている。

「知識を独占せず、情報を共有する」ことは、八代にとっては当然のことだった。

団体戦では、このことは重要である。上級指揮官だけが有能な場合と、兵卒に到るまで状況や作戦を理解している場合とでは、歴然たる差があるだろう。

八代の、先を見る、将来を考える在り方は、海兵の校風（7）番目の、「目先がきくこと」、の抜け目なさというよりは、八代の場合は、進取の姿勢の裏に巨視的視野を持っていたとして評価すべきものだろう。巨視的とは、古今東西の歴史に深い関心を持って、いろいろな著作を読み込み、日本海軍の将来を常に考えていたことである。つまり八代は、一介の生徒の身でありながら海軍全体の将来を構想していた。

個々の術科の成績には重きを置かず、もっと遠大な課題に挑戦していた結果としてだろう、彼のハンモック・ナンバーは35名中19番、真ん中よりやや下、可もなく不可もない平凡な成績だった。だが、八代が教え導いた、秋山真之、廣瀬武夫、財部彪 などの後輩は、後に海軍の宝とまで言われる人材に育っていった。兵学校が江田島へ移転したころ、八代は教官として教える立場になっていた。授業を離れても生徒たちは、八代が独身だった気安さもあって、よく教官宿舎へ遊びに行った。戦の話、英雄譚、もろもろ話題は尽きなかったが、話に飽きると「いっちょうやるか」と稽古着を持ち出しては、座敷でドンンバタンやったものである。彼らが、揃って勇敢で武道に熱心かつ読書家というのも、八代の影響が大きかったと強調したいところだ。

廣瀬武夫を戦前の軍神像から解き放った島田謹二著『ロシアにおける廣瀬武夫』では、廣瀬文庫ともいえる大量の蔵書や書簡の発見があって、大変充実したものになったと書いているが、八代がペテルブルグ時代に廣瀬に教えたことの中に、次のようなことがある。廣瀬が、「どうしてそんな細かいことまで必要か、何故そんな事まで知っているのか」と尋ねた時の返事である。

「海軍軍人だって、海軍のことだけ調べるなんぞというのはだめだぜ。ロシア海軍は、ロシア国という大きな背景から生まれてきているのさ。そういう根本がわからなくっちゃ、海軍の実相だって本当にはつかめんよ。俺たちのは、ロシア国情の上に立つ研究だよ。そうしたどっしりした大きな基盤の上に成り立つ時、初めて信用のできる結果が生まれてくるだろう」

この言葉に、廣瀬は素直に感動し、八代が歩んだ道を歩くことに決めた。八代手製のロシア百科全書に倣って、自ら広範囲な研究を始め、廣瀬版露国事情ともいうものを作っていく。廣瀬文庫が軍事関係の書籍以外に、ロシア諸都市の案内記、オペラの台本やプーシキンの詩集まで収蔵していたのも、八代の訓示があってのことである。

秋山真之も同様で、元々熱心な勉強家だったが、八代によって歴史を見る目や、分析の手法を学んだ。秋山が前線から参謀本部へ打つ報告が、いつも簡潔で要を得て格調の高いことが、次第に評判になってゆくが、名文を書こうとして書くのではなく、最も正確で短い文章を練りあげる過程で、余分なものが削ぎ落とされ、結果として名文になった。

有名な「本日、天気晴朗なれども波高し」の一句は、文学的表現ではなく、それまで何度も霞や霧で敵の艦影を見失ってしまったが、今日は良く見えるから逃さないこと、波が高いとことは、小型の魚雷艇は主力になりえず、砲撃戦で決着がつくだろうという予想、また、ロシア艦の副砲は水面からの位置が低いため、波が高いと照準を合わせにくく、あまり機能しないだろうという判断をまとめて伝えたものと言われる。八代はこのような簡潔さを喜んだ。自在に要約するという彼の面目躍如たる会話が、小笠原によって記録されている。

旅順も落ち、威海衛の攻撃を前にした年の暮れだった。２人が唐詩を語っている時のことである。

「長恨歌はまったく面白い。しかし、俺は、白楽天の詩の中では、琵琶行のほうが、より以上に好きだ」と言って朗々と吟じだした。それからこう付け加えた。

「時にこうした話があるんだがどうだ。頼山陽も、ひどくこれ（琵琶行）には感心して――これを日本の俗謡に訳してみたい――

と言って作ったのがこれだ。

よりかかりたる床柱
三味線とって爪弾きに
あだな文句のひと節に
過ぎし昔を忍び駒

どうだい。面白いじゃないか。山陽が琵琶行の詩の心をとって作ったもんだ」

小笠原は八代の6年後輩の14期生だが、先輩後輩の別なく、この2人はとても良い友人だった。同じ14期には鈴木貫太郎がいるが、鈴木は江田島の校長になってみて、いわゆる鉄拳制裁が横行していることに驚きかつ憤慨して禁止令を出した。

「人が人の顔を打擲《ちょうちゃく》して制裁を加えるなど、武士にあるまじき振る舞い」

だが、鈴木が兵学校を去ると、たちまちこの風習は復活した。上級者が下級の者の顔を殴るという悪習は、小笠原の時代にはなかったようで、日露戦争の後、帰還した将兵が殺気冷めやらぬころから始まったらしい。海兵出身者の多くは、鉄拳制裁を「愛の鞭」と呼んで、懐かしむ風があって「俺は何発殴られたが、何発殴って卒業した」などと語るのである。「海兵生徒は紳士たれ」が大原則だが、ジェントルマンがやたらに人の顔を殴るとは思えない。この習慣は陸海軍に浸透して新兵いじめとなり、その新兵が古兵になると今度は目下の兵を殴るという習慣になり、やがて一般社会にも伝染して、職場や学校にも拡がった。八代と後輩たちの交友関係を見ると、世界が違うとすら感じるほど自由で闊達、しかも上下の礼儀は忘れない、という健全な空気が見て取れる。海軍兵学校も日清・日露の奇跡的な勝利以後、すっかり変質したように見える。

セシル・ブロックの見た昭和の海軍兵学校は「処罰はめったに起こらない。それは処罰を必要とすることが滅多に起こらないからである」という規律正しい校風だったが、イギリス人の目には鉄拳制裁の場面は見えなかったのだろうか？

しかし、兵学校の良さは良さで高く評価したいものだ。八代あるいは八代たちの世代が残した良いものに、軍事だけでなく広汎に物事を学んで視野を広げるということがある。ここで、海軍兵学校で何を教えていたかを見てみよう。74期3年生が残した記録はこうである。無作為に月の15日の科目を書き出してみる。

1月15日　英語　通信　数学1　短艇
2月15日　乗艦実習（10時より14時15分）
3月15日　物理　漢文　英語　体操1
4月15日　数学1　化学　物理　相撲
5月15日　国語　航空　短艇競技
6月15日　力学　国語　数学2　武道

7月15日　運用　物理

以上が1941年、対米戦開始の年のカリキュラムであるから、それまでよりも、ずっと実学に重きを置いたものと思われるが、それでもこうかと、意外な感を持つ。セシル・ブロックは「何ゆえに生徒が、心理学、論理学、哲学、法律のような難解な学問を苦心して学ばなければならないのか理解に苦しむ」と匙を投げたように書き残しているが、江田島の兵学校は、むしろイギリスよりも優れた士官を作ろうとしていたようだ。藍より出て藍よりも青い内容だったのではないだろうか？

一方、余りに多くの訓練（頭と体）は、やはり生徒には大きな負担だったようだ。ブロックの眼にはこう映っていた。「3、4年生がおしなべて物覚えが悪いのは、過労の蓄積の為と考えられる。肉体的にも知的にも負担の多い訓練方法が、この頃に影響を及ぼし始めるのである。最初の2年間は、彼らの意気込みと向学心に支えられ、課せられた学業を立派に成就するのだが、最後の2年間には、さしもの彼らも訓練と学業の両立は難しい。教室で居眠りをするのは、珍しいことではない」

別の回想では、生徒達が酒保やクラブで飲食した勘定は、自分で計算してお盆の上に置いておく習わしだったが、いつも余ることはあっても不足することは無かったという。また、同僚を出し抜いて、自分だけ良い子になろうとすることは唾棄すべきことで、良い事も悪い事も共有するという連帯責任が徹底していた。兵学校の伝統に、戦死した同僚の遺児を仲間が支えて成人させることがある。養育費や学資などを出し合い、就職の世話もしたという。まるで実の家族のように愛育した。「同期の桜」の歌詞には、「血肉分けたる仲ではないが、何故か気が合うて忘られぬ」というところがある。同じ枝に咲く桜の花という形容で、疑似兄弟の団結に到る心情が詠われている。

（三）

八代は明治14年（1881）に兵学校を卒業して、海軍少尉補になった。晴れて少尉になるにはまだ4年が必要だった。この間、「龍驤《りゅうじょう》」（2571トン）乗り組みから、「肇敏《ちょうびん》」（885トン）に乗り、「筑波」（1947トン）と訓練を重ね、チリ、ハワイ遠洋航海を経て朝鮮派遣あたりで少尉に昇進した。軍歴だけ見ると、着々と無難に海軍軍人のコースを進んできたように見えるが、途中、結構危なっかしい目に遭っている。

「龍驤」で仁川に上陸した時のことである。場所は桟橋付近ともいい、また某料亭ともいうが、酔っぱらった米兵たちが荒れ狂っていて、日本の水兵とトラブルを起こしていた。八代は駆けつけて鎮めようとしたが、容易には収まらず、とうとう2、3の米国水兵を殴り倒したところ、彼らは一斉に逃げ出した。八代は引き上げにかかったが、後ろから大男に棍棒で殴られて昏倒した。男は人事不省になった八代に馬乗りになって、再び棍棒を振り下ろそうとした瞬間、八代が我に返り腰の短剣を抜いて下からグサリと刺した。悲鳴を上げて大男の米兵は逃げ去った。幸い死ななかった。理由は短剣が錆びていて致命傷にならなかったので、外交問題にならずに済んだのだった。

本人は「幸い短剣が錆びていたことは、俺にとっては幸せだったかもしれない」と神妙に反省の色を見せている。しかし、ここで、ちょっと気になることは、当時、まだまだ武士の気風が残っていた時代、刀は武士の魂と言われて、畳の上に転がして置いたり、足で跨いだりすることは厳に戒められていたが、その剣をろくに手入れもせず、ほったらかしにしていたことである。几帳面で士風に厳格な八代にしては不思議である。

不思議と言えば、八代が乗った艦は、当時陸海軍を苦しめていた脚気《かっけ》と深い関係があった。脚気は結核と並んで二大国民病と言われて恐れられていたが、その原因がつかめず、陸軍の上級医官達はドイツ医学を信奉する東大医学部卒が多く、「脚気菌というものがあるのだ」と信じていた。従って脚気対策は清潔な環境を作ることをやかましく言うだけだった。これに対して海軍はイギリスの実証的な医学を持ち帰った高木兼寛の、「脚気は栄養の不足によるもの」という考えが主流だった。八代が乗った練習艦「龍驤」は、ニュージーランド、チリ、ペルー、ハワイを経て帰国する272日の航海で、兵員278名中161名が脚気にかかり、そのうち25名が死亡という惨事が起こった。八代は幸い死なずに済んだが、士官と兵との食事の質が明暗を分けたのである。軍隊内では階級が下のものが脚気になり、上級将校は滅多に罹患しなかった。これには階級ごとに定められた食費が関係していて、水兵は1日18銭、尉官40銭、佐官80銭だった。これが明治13年制定だが、主食の米と味噌は支給、副食は金銭で支給していた。これが悲劇の大きな原因。というのは、兵士たちは貧しい家庭の出身が多く、わずか18銭の副食費を節約して貯蓄にまわし、その一部を故郷に送金する者が多かった。また、当時の日本人の感覚では、白米そのものが御馳走で、真っ白い米をたらふく食べられる艦内食は、決して粗末なものではなかった。

海軍はこの結果に震え上がった。戦争でもないのにバタバタと倒れて操船の人手すら不足したのだから、いざ出撃となった場合は、「艦はあれども人は無し」になってしまうからである。高木兼寛は鋭意栄養学に取り組み、陸上勤務においては、食事の改善でほぼ脚気を追放できる実験結果を得ていた。これを大規模な実証実験で証明して、海軍の兵食改善を目指した。明治17年（１８８４）の練習航海に「筑波」が使われることになった時、決定していた航路を強引に「龍驤」と全く同じ航路を辿るようにした。皇室にまで嘆願してのことだったから、結果次第では辞職覚悟だった。麦飯による改良兵食を使用した結果、乗員３３４名中事故死１病死１名で脚気患者は皆無に近かった。八代はこの劇的な変化を、事前と事後二つとも体験した。それも、筑波の時は乗員が不足したので、急遽八代が補欠のために乗り組みを命じられたという偶然のためである。後年八代の言行でこの事件に触れたものが見当たらないのは、何故かと思うが、これも一つの謎である。

「龍驤」を降りて間もなく兵学校通学を命じられ、分隊士兼砲術教授心得、運用術教授心得などを務め、今度は兵学校の入学志願者の試験をする立場になった。この間2、3ヶ月ごとに辞令が出され、30歳を前に江田島で副官になった。この頃の八代は、かなり変人で人付き合いが悪かったようだ。親友に宛てた手紙では「本校教官50余名、官舎軒を連ねて住んでいるが、自分はとんと付き合うこともなく、ただその日の仕事が終わってから柔道を学び、後は一室に閉じこもって読書にふける」生活だった。バイブル、スペンサー、孔子、禅と乱読の風だった。秋山や廣瀬がこんな八代を慕ったのは、歳の差10歳ほどの気安さもあって、不器用な処世ながら何かを必死に学ぼうとする八代教官に兄貴のような親近感を持ったせいだろう。

2年後参謀本部勤務を命じられた理由の最大のものは、八代が重大な関心をもってロシア事情を研究していたことである。呼ばれてすぐにウラジオストック出張。この出張は出張どころか3年に及ぶ長期赴任だった。

ウラジオ時代の八代は精力的に極東ロシアを歩いて国情を理解しようとした。

西シベリアを旅した時のことである。寒村の駅の会話。

「旦那、先ほどからお見受けしているのですが、どうも旦那のご職業がわからないのです。一体、旦那のご職業はなんですかい」

「俺か、俺は商人だよ」

「御冗談を」と主人が急に笑い出した。

「旦那は煙草を半分吸っては捨てていられますが、商人はそんなことはしませんよ」

「そうか、これは一本参った」

率直すぎて、スパイには向かなかったかも知れないが、この頃、伊木という大尉は日本郵船の

ロシア語研修生と名乗って軍事探偵として活躍していたが、暴露されて公になると自ら命を絶っ

たのである。

シベシアから朝鮮に出て釜山へ帰る時。偶然馬賊達に襲われていた朝鮮人の子を助けた。馬上

少年を左に抱え、右手で拳銃を打ちながら駆け巡りとうとう追い払ったという、一場の活劇もあ

る。

明治26年（１８９３）34歳のときには、ウラジオに続く山を越えようとした。虎狩りを商売に

している60歳の男を雇った。大きくはないが、「叩けば鉄のような音がしそうな体をしていた」と

形容している。この男を案内役にして、郡長が冬はダメだというのを振り切って２人は騎馬で出

発した。きっと冬のロシアも経験しておきたかったのだろう。

「２、３尺の雪で馬もなかなか歩けない。トネリコという木があると、これは生でもよく燃える

のでそこで泊まる。雪洞を掘ってトネリコの木を燃やすが、馬も雪を掘ってやるが、疲れて時々

ごろ寝になるようだった。けれどもすぐに寒気が身に染みると見えて、ピーンと立ち上がって、ぶ

るぶる身震いをしていた。

俺はシューバという羊の外套にくるまって、厚いフェルトでできている靴だが、あまり疲れて眠ったので、2日目の夜、靴の先を焼いてしまった。外套の先を切ってぐるぐる巻きにしてやった」

この大変な道を過ぎて半分も行ったころ、ある里へ出た。

「虎狩りは里へ出た嬉しさにむやみに酒をのんで翌朝になると『あんたの乗った馬も、わしの馬も、酒の代に売ってしまった』といって、友人のところへ行ってぐうぐう寝ている。聞いてみたら『あの男はいったん酔っぱらって寝たとなると、3日や4日はダメだ』俺も肝を潰した。結局はソリでウラジオまで出たが、寝ていた顔が今でも目の前に思い出される」

八代は大損して計画もおじゃんになったのだが、恨みがましい声は聞こえない。「俺も肝を潰した」と締めくくるところなどは、海舟の親父の勝小吉を彷彿とさせる。だが、こんな冒険じみた出来事ばかりではない。武勇伝の他に、鉱物や植物、金石などを採集し、動物の研究もやった。

「旅行者は、博物学上の知識がないといけないね。殊に、海軍の者は遠洋航海などで、随分いろんな所に出かけるんだろう。博物学上の知識があると随分おもしろいよ。いろいろな珍しいものが採取され、学術上の参考品を得られ、人智の開発に貢献できる」。このように多角的であることを心がけていた。

（四）

帰朝すると「高千穂」分隊長になった。この時期に艦長の野村に仕えるのだが、野村は八代によく似たタイプで硬骨漢だった。米海軍は明治26年１月にハワイを占拠し、カメハメハ王は王宮を追われた。在留邦人が２万５０００人もいたので、保護のため「高千穂」が停泊していた。６月11日はカメハメハ王の誕生日と知ると、敢えて高千穂は軍艦旗掲揚と満艦飾で、この気の毒な王に敬意を表明した。

王宮前の広場で演説会が開かれると聞いて、野村艦長は混乱を予想して士官たちに警備を命じた。この時の珍妙な訓示は、反アメリカの群衆がデモに移ることも予想していたものだ。

「たとえ危険な場所に立ち入るとしても、艦長はしいて御止め致さない」

米国領にされてしまったハワイへ多分に同情していたから、若い士官が何かしでかすことを、暗々裏に期待したようなニュアンスもある。八代もこう答えた。

「何か騒動でも起こったら、艦長の御趣旨を体して、必ず躍進してお目にかけますから、ご安心下さい」

ハワイの例が目の前にあることだから、日本も安心できない、という危機感が漲《みなぎ》っていた。八代たちにしてみれば、ここで一矢放っておきたいという心情だったが、その日の聴衆はすぐに解散してしまった。躍進しそこなった後のことらしいが、八代と小笠原が某富豪の別荘に泊まったことがあった。夜半バルコニーに出て月明かりの中で語り合っている時、八代が「面白い話を聞かせてやろう」と話し出したのが、アレクサンドル・ヂュマの「モンテクリスト」だった。当時日本訳も出ていない頃だったが、八代は英訳を読んでいて一気に語り通した。10時半から話し始めて夜中の1時に終わったという。面白さに魅了されていた小笠原も、終わりごろになってやっと、夜気の冷たさを覚えたと書いているから、八代は話も上手かったのだろう。

第3章　日清戦争

（一）

日清戦争は朝鮮の支配権をめぐる争いからである。1880年代の朝鮮は中国に対して朝貢と冊封《さくほう》の関係だった。中国は自国が世界の文化文明の中心地で、周辺諸国は一段と低い段階だと考える中華思想に立っていた。いわば、円盤を富士山のように積み重ねた最上段が中国で、優れた文化文明が下へと流れ落ちて周辺を潤すというイメージであり、これを徳化と言った。この構造を平面図にすると、同心円が波紋を描くようになっていて、中国に近い周辺諸国は相対的に文化文明が高く、遠い国ほど野蛮ということになる。朝鮮は国境を接しているから二つ目の同心円で、朝鮮の優越感は3番目から先の国々に対して向けられた。やっかいなのは日本で、朝鮮から見れば3番目のサークルで、一段低い位置にある。確かに、歴史上朝鮮経由で中国の文物を取り入れた事例は無数にあるから、朝鮮は日本よりも上位の回廊であった。だが日本から眺めれば、中国は海一つ隔てた隣国でしかない。限りない敬意を払うことにやぶさかではないが、朝鮮と朝貢を競うことを潔しとせず、中国とは対等に近い付き合いをしようとした。ある時は朝貢関係を結んでみたり、ある時はモンロー主義で独立独行を強めたり、不即不離というのが2000年来の日本外交である。

「日出る國の天子、日没する国の天子に書を致す。恙《つつが》なきや」と書いて大いに中国皇帝を不快にさせた事例もあるし、利益があれば朝貢も厭《いと》わず、そうでなければ知らん顔だから、中国から見れば扱いにくいし、朝鮮から見れば面白くない。しかも江戸時代300年間は朝鮮通信使という制度があり、朝鮮は江戸へ表敬訪問をしなければならなかった。通信使という微妙な名前は、決して日本に対する朝貢ではないが、一方的に朝鮮だけが日本を訪問するもので、対等とは言い難い。明治維新のあと、王政復古を伝える公文書を朝鮮王朝に渡そうとしたが、文中に宗主国の清だけが使えるはずの「皇、勅」の文字があったため受け取りを拒否、数年間交渉は進展しなかった。日本政府は朝鮮に対して国を開いて積極的に西洋の文物を取り入れないと今後はやって行けないと忠告したが、朝鮮側は日本こそ儒学による伝統的な政治体制を放棄して、西洋になびくようなみっともない事をするな、と言わんばかりだった。幕末から維新の時代に、朝鮮は鎖国攘夷に徹底した。フランス人宣教師を処刑、カトリックを弾圧し、その報復にフランス軍（極東艦隊7隻1300名）が江華島を占領してもこれと闘って勝利、通商を求めてきたアメリカ商船も焼いてしまった。アメリカは艦隊5隻をさしむけて江華島を占領したが、朝鮮が一切の交渉を拒否した結果同艦隊はやむなく退去する有様だった。

中国はといえば、列強に次々と朝貢国を奪われて、日本の琉球処分によってまた一つ朝貢国を失い（琉球は薩摩藩の藩領でありながら、清に朝貢するという、形式上の二重支配だった）、残るのは朝鮮だけとなっていた。清朝は日本を仮想敵国とした北洋艦隊の建設へと進むことになった。清国外交政策の基本は、朝鮮を清の朝貢国にしたままにしておいて、列強と条約を結ばせ、外交は清が主導するというものだった。日本の朝鮮進出を許せば再び属国が失われると警戒する清は、朝鮮と西洋諸国との条約締結を促進して日本を牽制しようとした。

一方、ロシアは大々的な南下政策のもとで勢力を沿海州に扶植して、朝鮮とは国境を接するまでになっていたから、積極的に朝鮮の内政に関与した。朝鮮は、国内では開国推進派と鎖国堅持派がそれぞれを後援する外国勢力と関係を持ちながら争う展開となり、日中露3国の利害が錯綜し、これにイギリスやフランス、ドイツなどの政府が極東の利権の保持や拡張のためにさまざまに謀略をめぐらせていた。

（二）

李王朝最後の王となる高宗は、血統は傍系だが、この多難な時期にわずか11歳で即位した。この年齢では如何《いかん》せん政治を行うことはできず、実父の大院君が実権を握るが、超保守的な政治の功罪は時代が時代だけに罪のほうが多かった。高宗が成人した後もいろいろ干渉したが、中でも身内の争いの種を作ったことは見逃せない。高宗つきの女官が男子を生むとこれを世継ぎにしようとした。高宗の正妻閔妃《びんひ》は猛然と反撃に出て遂に我が子を次期国王に定めさせたが、これ以後大院君を憎み続け、国内外の勢力を利用しつつ内治外交の実権を握る。高宗はどちらかというと妻に従い、リーダーシップを発揮することは少なかった。

高宗は対外的にはロシアを警戒して日本の開化政策を取り入れようとした。大院君を戴く儒学者を中心とする守旧派はこのような政策を厳しく批判してクーデターを起こすが失敗。この混乱に清国は軍を派遣して治安維持のためとして3000名の兵を駐屯させ、朝鮮は清国の属国であると主張した。日本は公使館を襲撃され、多数の日本人が殺されたので、軍艦をさしむけて邦人保護のために兵を駐留させた。この壬午《じんご》の乱で高宗は失脚し閔妃は逃亡、大院君は清に連れ去られた。日本と清は朝鮮ではまだ戦端を開くまでには至らず、清国優勢の状況が続いていた。明治16年（1883）になると、ヴェトナムの領有権を巡ってフランスと清の間で戦争が起こった。各地で激しい戦闘が行われたが、フランスは苦戦しながらも勝利を得つつあった。馬港の開戦、台湾攻防戦、ランソン攻防戦を経て停戦に到るが、その代償はフランスでは議会によるフェリー首相の解任にまで発展し、清国では福建艦隊の敗北を前近代的な政治体制の故であると批判する声が高まった。戦争中、清は万一に備えて朝鮮に駐留していた軍隊を呼び返したので、朝鮮には軍事力の空白地帯が生まれた。これをチャンスと見た親日急進派はクーデターを起こし閔妃派を殺害し高宗を再び立てようとしたが、清は袁世凱軍を派遣して親日急進派を破った。親日急進派は日本に派兵を求めたが日本が応じなかったために、朝鮮国内の親日派はほぼ壊滅した。「日本頼むに足らず」の記憶は永く伝えられることになる。フランスは清と日本の対立を利用して、日本に不平等条約の改定を条件に参戦を促したらしい、イギリスは清国の要請を受けてフランス艦船の極東の港湾使用を禁ずるという圧力をかけた。複雑怪奇な外交に見えるが、利害錯綜の実態は後世では理解しにくい。

やがてイギリスはこの情勢を見て仲介に乗り出し、日清同時撤兵を実現させたのだが、２年後の明治18年（１８８５）には巨文島という格好の軍港候補地を占領して、英海軍の極東基地にしようと計った。このころ、朝鮮を巡っては列強と日本の間で次の３案があった。

まず、どこかの国が単独で保護する。次に複数の国による共同保護、３番目が多国間で朝鮮を中立管理するというものである。イギリスはロシアを牽制したいから、清国とも日本とも敵対せず穏便な安定を目指していたが、ロシアはますます朝鮮に接近して単独保護を狙っていた。フランスとロシアは良好な関係で、露仏同盟が機能してシベリア鉄道の建設に資金を出していた。日本はイギリスの巨文島占領という行動がロシアを刺激してロシアも朝鮮のどこかに軍港を得ようとするだろうと危惧して、懸念を伝えて撤去の圧力をかけた。清と英と日が際どい協調体制を保ってロシアの進出を防ぐという方向になり、つかの間の平和が約10年続く。

日本の経済的進出は目覚ましく、朝鮮の輸出の9割、輸入の5割を独占するようになった。朝鮮では米や大豆の不足から価格騰貴を来たし、加えて賠償金支払いの負担、役人の腐敗や搾取などが横行し、ついに明治27年（1894）には東学党（西洋の学に対する東洋の伝統的学問を標榜）という教団が、農民反乱を主導して、日欧の侵出阻止と民政改善を求めた。政府は鎮圧できず清に出兵を求めた。日本も公館と居留民保護のために軍を派遣した。両国の軍が対峙する格好になったが、清軍の方は到着が早く、すぐに暴動を鎮圧したので、朝鮮政府は双方に撤兵を求めた。しかし、日清両国からは一顧だにされず、日清両国は朝鮮に対する支配権を争う。ロシアは日本に対して強く撤兵を申し入れた。イギリスは中立的な立場で調停案を出したが、清国はこれを蹴った。おりしも「日英通商航海条約」が結ばれ、不平等条約の解決に大きく前進したので、日本は、イギリスは敵に回らないと確信をもって、対清強硬姿勢に出て、朝鮮王宮を占拠、高宗を手中にしたうえで大院君を担ぎ出して新政権を樹立させた。清国がこの動きを放置するはずなく、両国はついに戦争へとなだれ込んでいく。

（三）

開戦前の彼我の戦力を見ると、どう見ても清国が優勢で、数字だけを比較すると、どうして日本が勝利したのか分からない。まず、陸軍の兵力を見ると、日本は7個師団に、戦時動員を加えて24万６０００名の兵、清国は勇軍・錬軍というドイツの指導で近代化された陸軍精鋭が98万に達していた。中でも、北洋陸軍３万と錬軍５０００は最も装備が優れていた。

海軍は日本側軍艦28隻、水雷艇24隻、計５万９０００トンに対し、清国海軍は軍艦82隻、水雷艇25隻、計８万５０００トンと、清国優勢だった。その上、ただ数量的な優勢だけでなく、艦の規模も火力も勝っていた。開戦の３年前、清国北洋艦隊が呉、長崎、横浜を親善訪問したことがあった。親善に名を借りた示威で、自信満々で艦内を開放して見せた。日本の海軍専門家達は30センチの巨砲と14インチ厚の砲塔を見て驚嘆した。日本の艦は防御とも言えない薄い楯だったのである。清国海軍主力の「定遠」「鎮遠」はともに７０００トン級で当時としては巨艦と言われていた。日本はこのような船を持たず、主力艦は「松島」などのいわゆる三景艦が４０００トン級、これが最大だった。清国に対抗できる艦を至急にそろえなければならないが、予算はない状況で、天皇自ら憂慮のあまり内廷費の１割を節約して購入費に提供したことから、官吏は俸給の10％を建艦費に納入するなどの国民運動でようやく艦隊をそろえた。増税に耐えた国民の存在は大きい。内外ともに勝てる戦とは誰も思わなかった中で、連合艦隊の出航を見送る人々は、再び見られないかもしれないと悲壮なうちに敵愾心《てきがいしん》を高揚させたという。敵愾心の背景には、次のような長崎事件があった。

明治19年（１８８６）８月、清国の北洋艦隊のうち「定遠」、「鎮遠」、「済遠」、「威遠」の４隻の軍艦が長崎港に入港した。５００人からなる清国水兵が勝手に上陸を開始。遊廓で登楼の順番をめぐる行き違いから、備品を壊したり暴行を働くなどのトラブルが起こり、長崎市内をのし回り、商店に押し入って金品を強奪した。泥酔の上、市内で暴れまわり婦女子を追いかけまわすなど乱暴狼藉の限りを尽くしたので、長崎県警察部の警察官が鎮圧に向かった。そして警察官と清国水兵が双方抜刀して市街戦に発展、双方とも80数人の死傷者を出した。翌日300名の水兵が上陸。棍棒を持つ者もあり、また、刀剣を購入する者も少なくなかった。清国水兵数人が交番の前でわざと放尿し交番の巡査が注意すると、彼らはその巡査を袋叩きにした。300人の清国兵が3人の巡査によってたかって暴行し、1人が死亡した。これを見ていた人力車車夫が激昂し、清国水兵に殴りかかった。すると、清国水兵の一団が加勢し大乱闘となった。止めに入った警察官と清国水兵がまたも斬り合う事態に発展し、それぞれ死傷者を出すという大事件である。見たことも無い狼藉にあきれ且つ憤慨した人々は、九州地方を中心に、激しい愛国主義に傾いていった。

海軍の戦争はソウル南方の牙山湾で始まった。清国艦「斉遠」「広乙」の2艦は陸兵を牙山に運び、再び天津へ輸送船「高陞号」を出迎えに行くところを、日本側の第一遊撃隊が海上封鎖に出て砲撃戦となった。日本側の一斉射撃で「斉遠」が危機に陥ったので「広乙」が援護に向かった。今度は「広乙」に砲火を集中させ、陸側へ追い込んで座礁させた。「斉遠」はその隙に転舵して逃走に移ったが、「吉野」の速力は圧倒的で、すぐに追いついた。ここへ輸送船「高陞号」が来た。イギリス商船旗を掲げていたが清国兵員を載せているのが見えたので、停船を命じた。ついで随行を命じると船長は同意したが清兵は納得せず叛乱状態になった。4時間の説得・交渉も効果なく、やむなく撃沈した。

「広乙」艦長の林國祥は乗組員を上陸させて退去した。八代が2番分隊長として乗艦していた「高千穂」が「広乙」の艦内を検分することになった。浅瀬なので本艦は近づけず小艇で向かった。その任務を小笠原が命じられると、八代は強引に同行した。この時点では清国兵が残っているかどうか、或いは岸の方から銃撃してくるかもわからないという危険があった。小艇で近づいて破艦に到着して乗り込もうとすると八代が制した。

「待て、俺ら2人が、一度に艦内に乗り込んで、万一敵の術中に陥ったら、誰が艦長に報告するんだ。俺は貴様より年長だ。だから死ぬなら俺の方が先に死ぬのが当然だ。俺が1人で入って行く。そして安全だったら貴様を呼ぶから、そうしたら入ってこい」

「だが、視察の命令を受けたのは俺なんだ。貴様は俺の同伴者にすぎないのだ。その同伴者が危険を冒すのに、俺がじっと指をくわえて見ていられるか」

「馬鹿、いらんことをしゃべらんでよい。年長者の言うことを聞いておれ」

するすると登っていって、しばらくして、大丈夫だから登ってこいとの声があった。乗り込んでみると兵士の1人は旋回機柄を握りしめたまま絶命し、その右側には3個の死体が折り重なっていた。その下の甲板にも、刀を手にして斃《たお》れたる者数名、その他弾痕を止る所には、必ず3、4個の死体が横たわっていた。敵ながらも天晴《あっぱれ》な戦死だった。八代たちは「武士は相身互い身だ。殊にこうした戦場にあっては、今日のこの悲惨な光景が明日我々の身の上に移されないとはいえない。彼らもまた国家に対して忠義の士である。我々は一遍の回向を手向けなければならない」と言って皆で合掌した。

(四)

大本営の陸海軍共同作戦案によると、日本軍の最大目標は渤海沿岸の要所に陸軍主力を輸送させ、北京周辺の直隷平野で敵軍と決戦し清国政府を早期に降服させることであった。その実現に向けて日本海軍には清国艦隊の速やかな掃討と、黄海並びに渤海の海上権獲得が求められていた。しかし、日本の国力と軍事力を分析した清国の直隷総督李鴻章は、長期戦に持ち込んで西洋列強の介入で講和に漕ぎ着けることを目指しており、北洋艦隊提督丁汝昌に決戦回避と戦力温存を指示していた。そのため日本海軍は艦隊決戦の機会になかなか恵まれなかった。

大連湾に停泊する北洋艦隊と輸送船団は16日に出港して大狐山の揚陸地点に到着し陸兵上陸を支援した。日本海軍はこれを阻止して、逆に日本陸軍の上陸を支援しなければならない。

八代と小笠原が乗っている「高千穂」はこの第一遊撃隊の2番艦である。「高千穂」は英国のアームストロング社製造になる巡洋艦で、３６５０トンに26センチの砲２門、15センチ砲６門を備え、主砲は「定遠」に及ばないが18ノットという高速が取り柄といえた。ちなみに日本海軍は清国の超ド級艦に対して、火力で劣る分を運動性能で対処しようとした。日本連合艦隊と清国北洋艦隊はついに相まみえた。連合艦隊は第一遊撃隊司令官坪井航三少将率いる4隻「吉野」「高千穂」「秋津洲」「浪速」が前に、連合艦隊司令長官伊東祐亨中将率いる本隊6隻「松島」「千代田」「厳島」「橋立」「比叡」「扶桑」が後ろになる単縦陣を取っていた。「松島」「厳島」「橋立」こそが「定遠」「鎮遠」に立ち向かう艦だが、いずれも4217トンで、景勝地の名を取って、3景艦と呼ばれた。清の2巨艦に3景艦で当たる姿は、さしずめ、大きな猛獣に立ち向かう猟犬を思わせる。3景艦の主砲32センチは、艦のサイズに比して無理なものを強引に載せたもので、実戦では各艦それぞれ4、5発、合計13発しか発射できなかった。長谷川敏行によれば、「これは失敗だった。主砲を発すると艦が傾き、艦首は右に左に旋回して、連続発射が不可能であるのみならず、編隊運動に支障をきたした」という。結局、口径の小さな、12センチ、15センチの砲が活躍するのだが、敵艦を貫通することはできなかった。

開戦前夜のことである。誰か小笠原の部屋の扉を叩く者がある。

「誰だ入れ」

八代大尉がのっそり入って来た。そして、

「大切な話がある、起きろ」と怒鳴りつけた。

「貴様に一大事の相談だ。当局者は四方八方に責任を感じて、とかく弱腰になるもんだ。だから、今度だって戦になるかならないか分からないぞ。だが、今、戦にならなかったら、日本はシナに永久に頭が上がらない。俺は明日、シナの艦に出会ったが最後、一発ボンとぶっ放してやるから、邪魔が入ったら貴様はその邪魔者をやっつけてしまえ」

「邪魔者って誰だ」

「艦長だ」

劣勢の戦力だが、闘志だけは満々だった。

だが、見逃せないことがある。もしこれが実際に実行されていたら、それは叛乱ではないだろうか？　部下が上官を拘束して勝手に発砲するという事である。また、政治の延長が軍事行動であるならば、延長が中心に対して行動するという統制違反だろう。だが、結果よければすべてよしになってしまい、現地軍の独走という風潮は、実に日清戦争の大勝がもたらした負のＤＮＡとなった。

北洋艦隊はやや楔《くさび》形の横列陣のまま南西に針路を取り、連合艦隊に向けて直進した。単縦陣の長い列の連合艦隊は北西に舵を切り、北洋艦隊の針路前方を横切る態勢となった。北洋艦隊旗艦「定遠」が距離５８００メートルで主砲を発射し海戦が始まった。「定遠」に続いて清国各艦も第一遊撃隊に向けて一斉に砲撃を始める。だが、日本の艦砲は射程距離が短いので、まだ撃てない。第一遊撃隊に後続する連合艦隊本隊は旗艦「松島」が距離３５００メートルで発砲したのを皮切りに攻撃を開始した。12時55分、北洋艦隊の右翼端に回りこんだ第一遊撃隊は距離３０００メートルまで近づいた所で砲撃を開始し、敵右翼端の「超勇」「揚威」に向けて速射砲による猛烈な砲火を浴びせた。

この日の様子を小笠原はこう書き残している。

おい、小笠原！今日は激戦になるぞ。そうして、いざとなったら衝突するんだ。その時は敵艦に切り込んで、日本刀の切れ味を示そうというのに、そんな洋刀など役にたつもんか。それより例の剛刀を持ってこい。心形刀流の腕前を見せるのは今日だぞ。」初陣者と蔑視して勝手な熱をふきかける。それを真に受けて、なるほどそんなものか感服して、さっそく二尺三寸の陣太刀を持ち出したは良いが、体重12貫の痩法師にはどうにも釣り切れない。さればとて、止めるのも剛腹だから、とうとう兵児帯を肩から掛けてぶら下げたが荷やっかいなことこの上ない。それに開戦後になってから、頭上近くをかすめ飛んだ敵弾の威勢を受けてしりもちをついた際、この剛刀が物に挟まって起きられず、危なく治療室に運ばれようとした一笑い話を残した。

目に見えるような記述だが、勇敢さが売り物の世界で、ここまで正直に醜態を書き残すとは、海軍もおおらかなものだ。

横列で突進する北洋艦隊と、敵の右翼端に縦隊で回り込もうとする連合艦隊は距離3000メートルで互いに砲火を交わし両軍ともに被弾した。第一遊撃隊の集中砲火を浴びた「超勇」が大破炎上し30分後に沈没する。「揚威」も多数被弾して炎に包まれ戦闘不能となり、日本側にも損害が出始め、第一遊撃隊の「吉野」が右舷後甲板に被弾し集積の弾薬が誘爆して火災が発生したほか、本隊も「松島」が15センチ弾を受けるなど各艦が損傷する。北洋艦隊の右翼端を撃破して回り込んだ第一遊撃隊は敵から距離を置いて射撃を一時中止した。戦いの間の小休止を小笠原はこんな風に書いている。

私は初陣のうえ、神経過敏ときているので、恥ずかしながら泰然自若などは義理にも申しかねるのだ。五六間も上を飛んだ弾丸に頭を下げたり、命中もしないのに転倒したり、まあまあそういった風なところであった。それでも八代大尉は贔屓目《ひいき》に見てくれた、「貴様は存外落ち着いているぞ。顔色の悪いのは仕方ないにしても、まさか腰を抜かして泰然たるものでもなかろう。大いに務めろ！将来見込みがあるぞ」。冷笑と慰めを半分宛喫して、それでも発砲中止の折々には、相並んで胡座し、古今英雄の心得や、覚悟などについて話してくれた。

第一遊撃隊の坪井少将は艦隊を再度左舷Ｕターン回頭させて南航し本隊艦列の後方を追った。連合艦隊本隊は北洋艦隊右翼端の旋回を終えて敵の東方に回り込もうとしていた。第一遊撃隊は西航しつつ南に見える北洋艦隊を攻撃し「赤城」と北洋艦隊の間に割り込む位置に到達した。第一遊撃隊の接近を見た北洋艦隊は右回頭して陣形を北に向けた。その時、敵から逃れて北に直進する「西京丸」が第一遊撃隊の艦列に割り込んで来たために、最後尾の「浪速」が衝突を回避するべく減速転舵した結果、艦列から離れて孤立の危機に瀕し「致遠」「来遠」が「浪速」の分断を狙って急速接近した。一方「平遠」「広丙」「福龍」他の清国別動隊は単独で北上する「西京丸」の攻撃に向かう。

第一遊撃隊は左に旋回しつつ、敵艦列の死角となる方向から１５００メートルまで急接近して砲弾を放ち「致遠」「来遠」に多数命中させ、３０００メートルまで離れた後は北洋艦隊の西方を南航して左舷回頭し敵の南面を突いた。

15時10分、北洋艦隊の東方に回り込んだ連合艦隊本隊は右舷Ｕターン回頭して艦隊左舷側を敵に向けつつ距離を縮める。本隊は「定遠」「鎮遠」を集中攻撃し更に「来遠」「致遠」にも打撃を与えた。第一遊撃隊は距離３７００メートルの南方から敵を猛射し、やや不完全な形ではあったが本隊と共に北洋艦隊へ十字砲火を浴びせる。もちろん被弾もした。野村艦長は、とにかく「定遠」という大物を仕留めたかった。八代もまったく同じ考えで、

「他を狙うな、定遠を打て」

と号令をかけるが、連続射撃しても「高千穂」の26センチ砲では貫通しない。やがて、運動信号によって隊列と目標を変更した。つかの間、砲撃が止んで、死傷者運搬員集合の号令が発せられた。小笠原が下甲板に行くと、黄煙濛々、鮮血や肉片が飛び散って無惨この上なかった。消火と死傷者の始末を終えて上甲板に出ると、休戦中の八代が顔の汗をぬぐいながら小笠原を顔色が蒼いなどとからかった。

「鎮遠」の30・5センチ砲弾が「松島」の左舷4番砲郭を直撃後、集積の装薬が誘爆して「松島」は大破炎上する。この大爆発で28名が死亡、60名が負傷した。「松島」乗組員の三浦虎次郎三等水兵が重傷を負いつつも向山慎吉副長に尋ね、向山が答えた、というエピソードはこの時のものである。佐々木信綱作詞の歌。

声を絞りて彼は問う
未だ沈まずや定遠は
こころ安かれ定遠は
戦いがたくなりはてぬ

旗艦「松島」を初め、日本側の砲弾はいくら命中させても撃沈するに至らないが、速射によって火災を起こさせ、戦闘能力を奪ったという戦況である。

北洋艦隊は味方の火災、逃亡、沈没が続いて四分五裂となり「定遠」「鎮遠」を残して「経遠」「来遠」「靖遠」「広甲」が北西に向かい戦線離脱の態勢となった。第一遊撃隊は追撃態勢に移り「経遠」「来遠」「靖遠」の集団を目指して北上した。

第一遊撃隊が逃走する「経遠」に追いつき攻撃を開始する。砲弾がことごとく命中し「経遠」は17時29分に艦首より沈没した。９時30分、旅順港に「定遠」「鎮遠」が帰還した。その２時間後に「平遠」が大狐山の揚陸地点に残っていた艦艇を伴って旅順港に帰着した。

（五）

その後、旅順港に逃げ込んだ北洋艦隊は、日本陸軍によって陸側から港湾を包囲される形となったために山東半島の威海衛に撤退するが、そこで日本海軍水雷艇部隊の夜間襲撃を受け（威海衛の戦い）「来遠」「靖遠」が撃沈され、旗艦「定遠」も大破して座礁、その後自沈した。「鎮遠」「済遠」「平遠」「広丙」は鹵獲《ろかく》され日本海軍に編入された。威海衛の清国将兵と北洋艦隊は降伏し、日本が黄海と渤海の制海権を掌握した事で大陸への円滑な派兵、物資の補給が可能となり、以後の作戦行動が順調に進むようになった。威海衛での水雷艇の戦果は実に大きかったが、後の日露戦争では水雷艇は活躍できなかった。

軍港の背後を陸軍が攻撃して成功した事例は、ロシアが改めて重視することになり、旅順を入手してからは重厚な砲台群を構成して、後の日露戦争では日本陸軍に甚大な損害を与えることになる。

戦術面では、単縦陣による砲撃の有効性が確認され、イギリスを始めとして各国でも採用されるようになった。日本海軍では艦隊を高速の遊撃部隊と低速の主力部隊に分けて運用することが基本方針となった。

（六）

陸軍の方も何倍にもなる敵を次々と破って空前の勝利を得た。前線の将帥たちは戊辰戦争の経験者が多く、大本営の命令を無視したり、勝手に作戦を変えたりして多くの混乱と禍根をのこしたが、結果的には想像以上の大勝利をおさめた。山縣有朋ですら独断と勝手な行動が災いして更迭されるほどだった。日清戦争は、陸戦でも海戦でも勝ち目は薄く相当な苦戦を強いられると思われていたが、終わってみれば案に相違して各地で圧勝してしまった。奇跡的勝利と言っても過言ではない。無数の過誤や失敗があったが、望外の大勝利はそれらすべてを覆い隠してしまった。冷静な分析と反省に基づいて次の戦いに資する研究や考察はあまりなされず、「勝ったのに、いまさら何をほじくりまわすのか」という空気が強く、たいていの事は不問となり、真実を体験した者は口をつぐんだ。清国は降伏し下関で講和会議が開かれた。

かたずを呑んで見ていた列強は日本の圧倒的勝利に驚いた。日本が本当に強いのか、或いは清国が外見に比して脆弱《ぜいじゃく》なのか判断は分かれたが、ともかく日本を軽々には扱えぬと見直した。おかげで長年の課題である条約改正は一挙に進むことになった。

それまで列強は清朝の衰退に乗じて「清国の分割」を進めてきたが、清国の抵抗力を危惧してその動きは未だ緩慢なものであり、露骨な領有権要求は差し控えてきた。だが、日本の勝利は列強間の「暗黙の了解」を無意味にした。清国の正体を知った列強はもはや何のためらいも無く権益を拡大し領土の割譲を迫った。その手始めは三国干渉である。ロシアは日本が遼東半島の割譲を求めていることを知った。ロシアは極東進出のために不凍港が必要であり、南下政策を取り満州における権益拡大をはかっていた。遼東半島には旅順という天然の良港があって、海軍の基地にはうってつけだから、これを日本が領有すれば、やがて満州一帯は日本の勢力下におかれることになる。これは看過できない。

仏・独の賛成を得て３国による勧告を行った。勧告とはいうが、実態はこの条件を飲まなければ３か国が共同で日本に対して軍事行動を起こすというもので、当時の日本は日清戦争で軍の消耗は激しく、膨大な戦費も費やし、これに対抗する力は残っていなかった。やむなく引き下がった。明治28年（１８９５）、ロシアは三国干渉により、東アジアにおける第２の不凍港となる旅順租借地を獲得した。

ドイツの参加理由は、露仏の接近を妨害すること、ロシアの注意を東に向けて欧州における脅威を減らすこと、ドイツ自身の極東への野心、また皇帝が主張した黄禍論などに基づいている。フランスは、ロシアと秘密同盟（露仏同盟）を結んでおり、その実行のためロシアと協力した。英米は局外中立を宣言した。日本は勧告を受諾せざるをえず、清との間に還付条約を結んで代償に3000万両（4500万円）を獲得した。日本は外交戦争の苛酷さを骨身に沁みて知った。勧告を受諾した政府に対して世論は激しく反発したが、政府は復讐を誓い、臥薪嘗胆《がしんしょうたん》をスローガンに国民の反発を対ロシア敵愾心に振り向けて六六艦隊計画をはじめとする軍拡を進めた。

列強はこの清に対して対日賠償金支払いの借款供与を申し出て、その見返りに次々と租借地や鉄道敷設権などの権益や、特定範囲を他国に租借・割譲しないなどの条件を獲得していった。

ドイツは、明治30年（1897）に宣教師殺害を理由に膠州湾を占領、翌年には租借した。血も流すことなく価値の高い軍港を手に入れた。青島ビールがトップブランドになる最初の一歩である。フランスは明治32年（1899）に広州湾一帯を租借して広東省に勢力を扶植した。イギリスは九龍半島・威海衛を租借して南北の拠点を拡充した。ロシアは最大の収穫があったとすべきだ。総理大臣の李鴻章へ50万ルーブル、副総理の張蔭桓へ25万ルーブルの賄賂を与え、明治29年（1896）に秘密協定である李鴻章―ロバノフ協定を結び、明治31年（1898）、遼東半島南端の旅順・大連の租借に成功してしまった。日本が全力で攻撃して陥落させた堅固な要塞であるが、そっくりもっていかれた格好である。そして、なおも万里の長城以北と満州に勢力圏を拡大し、極東への野心を現実化していった。

イギリスは１８９８年１月に長江流域からビルマへの鉄道敷設と長江流域を他国に割譲しないことを確認し、さらに香港対岸の新界を租借させた。長江流域を独占的に利用できるとは、広大な清国のもっとも肥沃な地域を押さえてしまったことになる。

日本は辛うじて防衛上最低限の要求として、新規獲得した台湾のすぐ隣にある福建省を他国に租借、割譲しない旨の約束を取り付けたが、他の列強に比べて遜色はありありと見える。朝鮮は日本の事実上の保護国となったが、三国干渉で譲歩した姿を朝鮮に見られて日本の軍事的・政治的権威は失墜し、朝鮮では日本よりもロシアと結ぼうとする閔妃など親露派が台頭した。

まとめると、日本は多くの血を流し、莫大な戦費を費やして戦ったが、列強は何もせずに座したまま膨大な果実を得たのである。

八代はこのような各国の動きを、こんな譬《たと》えで分析して見せたことがある。

ロシア公館の一室で有志の集まりがあった時のことである。八代は痛論する。

「いいかい。大男と小男が一緒に遊んで歩いていた。山賊がきれいな娘を苦しめているのを見た小人は、小さいけれど勇気があるので、進んでその美人を助けるんだが、戦ってその片腕を無くしてしまう。大男は手傷を負うどころか何ともない。その上、その美人を女房にしてしまう。もう少し進んで行くと、また賊が出てきた。小人も大男も一緒におどりかかって賊を殺すんだ。大男はまた手傷を負わないが、小人は片足を失くしてしまう。大男は名誉も利益も自分のものにするが、小男は片輪になっちゃった。同盟などというけれど、両方の力が平等でない場合に一緒になれば、いずれはこんなものだ」

八代の炯眼《けいがん》は恐ろしいほど的確だった。

「ロシアは北シベリアの開拓などしない。もっと南の満州のような豊かな土地に手を伸ばすのだ。いままでは、シナさえしっかりしておれば、シナとロシアが戦う。こっちは静かに兵力を養って何もせずに高見の見物をするのが良いと思っていたが、シナにはもうそんな実力はない。そこでこれからロシアの圧力を直接に受けるのは東洋では日本ということになる。満州から朝鮮のことにからんで、いずれは東洋の大動乱が始まる」

ロシアはシベリア開発などしない、とした八代の予言を、100年後の我々は確認しているわけだが、寒暖ともにほどほどの日本にいては、とうていロシアの思考は掴《つか》めないかもしれない。ロシアが如何《いか》に厳寒の苦しみに耐えてきたのかを、これから八代のペテルブルグ時代から見て行こう。

第４章　サンクト・ペテルブルグ

（一）

日本がロシアへの憎悪を燃やし続けて数年、首都サンクト・ペテルブルグの日本公館へ八代は派遣されることになった。身分は大尉から中佐に到る時期である。ペテルブルグはネヴァ川河口デルタの島々と両岸に広がる運河網で構成された人工の都で、バルト海に出る重要な位置をしめている。ネヴァ川は運河や河川などにより、白海、ドニエプル川、ヴォルガ川と結ばれているため、この都市は遠くカスピ海にも通じている。港は冬季である11月から4月に凍結してしまい、物資の運搬はできなくなる。ピョートル大帝によって元禄16年（１７０３）に築かれ、スウェーデンから奪取したバルト海・フィンランド湾沿岸のイングリアに新都として造営されたが、造営前のサンクト・ペテルブルク一帯は荒れ果てた沼地であった。正徳３年（１７１３）この地へ遷都が行われた。歴代ロシア皇帝は営々と整備を続け、冬宮を中心とした放射状の街並みが作られていった。天保８年（１８３７）にはペテルブルクとツァールスコエ・セローとの間にロシア初の鉄道が建設され、嘉永4年（1851）にはモスクワとサンクト・ペテルブルク間の鉄道が完成した。海軍省からアレクサンドル・ネフスキー大修道院にいたるネフスキー大通りが、八代が頻繁に通うことになる道である。

八代の任務は、もちろん仮想敵国ロシアの内情をつぶさに調べること、とりわけロシア海軍の実態をできるかぎり探ることである。海軍の中では八代以外にこの重大任務を果たせる人材は少なかった。いたとしても年をとりすぎていたり、逆に若すぎたりした。30代半ば、知識経験に加えて肉体も頭脳も気力も、最も盛んな年代では、まず何を置いても八代に白羽の矢がたつのだった。八代はこの任務に全力をあげた。それも海軍という専門の事項だけでなく、地理から歴史・風俗・宗教・食物・防寒具に到るまで、ごっそりと根こそぎ吸収してしまおうという野心的な取り組みだった。

ロシア時代の八代に関しての資料は限られている。ほとんど唯一のまとまったもので、しかも充実したものは、先にあげた島田謹二『ロシアにおける廣瀬武夫』である。この本では八代像は専ら廣瀬の眼を通して語られている。廣瀬武夫伝というべき本の中で、八代に語らせている部分や、廣瀬との交わりを書いてある頁は、128／467、実に27％を占めている。伝記でありながら、別人のことをこれだけ書くのも珍しいが、読めば、廣瀬の人間形成に八代は無くてはならない人だったということがよく分かる。それだけ廣瀬の魂の奥深くまで影響を及ぼしたのだが、廣瀬も既に大尉、知識も経験も軍内での研鑽も相応に積んだ、ひとかどの存在だが、八代の前ではナイーブな一人の生徒のようだ。心酔して何から何まで八代の言葉通りに務める様子を、島田は「ムクドリ」と形容している。それなら八代はさしずめ「親鳥」ということになるが、八代の翼の下で、一日一日と成長を遂げて行く様子は、ほほえましくも感動的である。

八代は最初に注意した。

「過度に勉強してはいかん。衛生に注意して悠々とやれ。人の価値は、その人の生涯の事業で決まる。目前の毀誉は浮雲のようなものだ。一時のことを気にかけるなよ」

「ゆるゆるやって大成することを祈る」と締めくくった。

新任の後輩には、「しっかり頑張り給え」と言うのが普通だが、廣瀬はこういう先輩を得たのだった。

なお、この章は上記の理由で、専ら島田本から引用する。

（二）

二宮尊徳はかつて仏教の法の説き方について、やや批判的に語ったことがある。それは「大根を説明するのに、根っこごと引き抜いて、これが大根だと見せるようだ」と。八代が目指したことは、これに似ている。ロシアという国を、何から何まで根こそぎゴッソリと理解してしまおうという、まるでロシアという存在と格闘するような勉強のしかたである。大ロシアを大地から引き剥がしてテーブルに乗せ、写真を撮ったり計測したりしてから、解剖を始めるような塩梅だ。その成果を八代はロシア百科事典にまとめた。実に根気の要る仕事だが、廣瀬が着任したころには、あらかた出来上がっていた。

「地理」のページをめくるとヨーロッパ大陸の全体図の中にロシアが書いてあり、そこから「ラードガ湖」を見ると「長さ175露里、幅105露里、大小70の河流を飲み込み、之を吐くは一のネヴァ河のみ（中略）。大軍艦にいたりては西風ありて水量増加するを待って、クロンシュタットに下る。帝国首都ペテルブルグ、河口にまたがりて立つ」と、実に動的な記述で理解が進む。白ロシアを見ると「ドニエプル河に多い。人口は1600万、痩せこけて皆貧しい。もともと土地が悪い上にポーランド人の地主にしたたか絞りあげられている。だが固有の宗教を持って、神を敬する念ははなはだ厚い」。ソ連はポーランドに対して実に苛酷な仕打ちをしたが、こんな背景もあったのかと思う。

「産業」「行政区画」「水域」「気候」「ポーランド人」「ユダヤ人」などの項目がぎっしりである。「フィンランド人」については「正直勤勉堅忍不抜。また一方より見れば執拗にして怨恨を忘れざるの風」とある。肝心の大ロシア人の特徴は「胆勇、剛強、忍耐だが、一般に緩慢不注意にして、習癖は概して清潔ならず。欲深し」。何かを写しただけのようでもあるが、必ず八代の見解や分析が入っているので、肝心なことを見逃すことはない。廣瀬は呆れてしまった。次に、ここまで手書きで作りあげた情熱と粘りに圧倒された。自分もよく本を読む方だと思っていたが桁が違う。それにしても衷心からの愛国の情には心を打たれた。廣瀬は八代の勧めに従って「廣瀬版ロシア全書」に取り掛かるのである。

また、八代は書物だけに偏ることも自戒していた。

ある時、練兵場で観兵式が行われて、各国の外交官や武官が招待されたことがあった。八代は皇帝の近くに控えていて、まじかに皇帝の様子を見た。その時にどうも皇帝の声の様子がおかしいと感じた。よく見ると顔の色も青白い。とても健康な体とは思えなかった。専制国家の王がもつ「威」が薄い、と感じたことが気になって、それから八代は、皇帝の健康に関する噂を集めた。なぜなら、

「ロシアは宮廷の動揺があると、その波動が内外の政情にひどく響く。専制主義の国では、心身ともに剛健な君主がいないと、立派な政治は行われない。柔弱な君主だと、お気に入りの大臣がうまいことを言って勝手な政治をやる。自然、権力争いが始まる。一般人民は政治に嫌気がさして、何もかも澱《よど》んでくるし、腐ってくる。そうした弱点が積み重なれば、ワルがそいつを悪用して、きっとゴタゴタが起こる。うっかりすると、革命さえ起こりかねない」

と分析していたからである。八代は付き合いのある各界ロシア人に「皇帝が笑ったことがあるか」とさぐりを入れてみた。その結果、誰も笑顔を見たことがないことが分かった。ついに、柔弱というだけでなく、今の皇帝は異常さを秘めた人に違いないと断じた。そうであれば佞臣《ねいしん》と外戚が

朝廷を混乱させて兵乱を招くだろうと思った。八代は中国史の中にあきれるほど多く記録されている事例を思い出しながら、衰亡を予想したのである。君主に威力が無い時は女性たちの暗闘が凄まじくなって、国家の政治が危うくなるのは、どこの国も同じである。危険な建物に忍び込んで機密文書を写し取るのも諜報活動だろうが、八代のやりかたは、ひたすらデーターベースを充実させてゆき、データーの組み合わせや整理方法の独創で事の本質を見抜くというものだった。大正6年（1917）のロシア革命は八代がいみじくも言った「革命さえ起こりかねなく」なって、20年後に実現する。八代が明治29年（1896）8月3日付けで海軍省に送った報告がある。それによれば、

1：ロシアの造船計画は着手1か月前に公示。造船技師などにも秘密にしているが、わが国は何年計画と称して公然と発表している国情の違い。

2：ウラジオストックへの物資輸送量は、1894年から翌年にかけて50％増の勢い。故に、十分に注目しなければならない。

3：露清間の条約ではシベリア鉄道は満州を経てウラジオに到るよし。また支線は旅順に達するかは定かでないが、支線については清国所有を認めたとの風聞。

4：前号報告の大ストライキは収束した。しかし、一斉ストライキが発生したのは、社会主義の浸透とみてよい。今後は大専制主義と社会主義と両極端の衝突が見られるだろう。皇帝はしきりに慈善に力を注いでいるが、民衆をなだめることもできず、嘆息されたと聞く。在露英

独人らは、ロシアの財政再建などは虚妄の説で、貴族・地主らは重税と奢侈《しゃし》にあけくれている。政府は武力弾圧するが、この反動で激甚なる暗殺・虐殺などが起こり、国内の不満を対外軍事行動に向けるだろう。

5：クリミヤ半島：バルカン、トルコなどの情勢分析。明年夏、軍艦ことごとく完成の暁には、内部の不平を外に向けて消そうとするだろうから、対日開戦に持ってゆく可能性が大きい。

などとしている。

（三）

八代の交際は広範囲に及び、独自のロシア人脈もできた。

上流階級ではペテルブルグ大学のフォン・ペテルセン医学教授、海軍少将コワレフスキーなどとは信頼と友情を厚く育んだ。もちろん軍人同士の付き合いは一番重要なことだが、ごく普通の市井の人たちとの交際も多かった。それも一方的に世話になるというものではなく、ちゃんと返礼も欠かさず、食事の招待や贈り物などにも細心の注意を払っていた。食事はフランス人かドイツ人が経営している店を使い、重要人物の場合はフランスホテル、ヨーロッパホテルなどの一流の場所を設定した。駐在武官としてみみっちいことはできないから、かなりの出費になったが気にかけなかった。後に兵学校の後輩廣瀬武夫が着任してくると、こうした細々とした処世の智慧を惜しみなく授けた。家で使っている下婢たちへのチップ、知り合いを訪ねた場合は、門番や外套を着せてくれる下僕にも決まったチップを渡すことなども、丁寧に教えた。自分が築いた人脈を廣瀬に引き継がせようとした八代は、招待状、礼状の送付から、レストランの予約などの雑事をどんどんやらせるようにして、酒の飲めない廣瀬を食事会に連れ出すために、しばしば芝居のようなセリフで誘った。

「さあ、我が介抱人きたれ。余は今宵酔わざるべからず」

この言葉通り、したたかに酔った八代は廣瀬に支えられて、時には担がれて帰宅するのだった。後年、八代が兵学校練習生の遠洋航海の司令官になったときには、マナーを士官たちに教えた。毎週金曜日には候補生4、5名を輪番で午餐に招き、食事の作法などを指導した。その数日前には巻紙、封筒に毛筆で、司令官自ら招待状を書いて候補生各自に届けた。これを受領した候補生は、その返事を各自巻紙に書いて差し出す。かくて会食後、司令官はその返事の批評や食事中の作法について種々教えた。これが少しも堅苦しさを感じさせない。それは司令官の立ち居振る舞いそのものが、愛情と思いやりに満ち、またその風格が自然にマッチしているためと思われた。孫をしつけるような風景が想像される。

八代が後輩を育てるような役目を果たすまでには、やはり、それなりの失敗や苦労があった。

「俺も初めは、どうせロシアだ、どんな苦労も耐え忍ぶ覚悟で、寒かろうが不便だろうが、我慢するつもりだった。

やっぱりたまらん。友達がいなかったからな。

ロシア人の生活をみていると、冬の間は全く酒と女にはまっていると言っても、うそじゃなかろう。俺なんぞ、初めはこっちさえ清らかな生活をしていれば、あいつらのまねはせずに済むと思っていたが、どうして、どうして、俺もまだ30そこそこで若かったし、心の鍛錬も足りなかったのだ。いつの間にかロシア風になりかけていたのに気が付いた。その時はぞっとした。

君（廣瀬のこと）などは酒を飲まぬから楽だろうが、一杯やる俺には、禁酒はいうまでもなく、節酒もなかなかできんな。世間一般のならわしから離れて、山籠もりするなら楽だがね。世間様と一緒に住んで、それでいて守るところを失わぬことは難しい」と嘆息した。

ロシアの冬は、ただ厚ぼったい雪が単調に降り積もる。どの家も窓と扉を固く閉めて、ストーブの前で不潔な空気を吸いながら寝るだけである。暗く娯楽も無い厳冬の異国で、ついに酒と女に溺れて爛《ただ》れた生活に心身を浸していた時期が八代にもあったのである。ある朝、鏡の向こうに見える自分の荒《すさ》んだ顔を発見して、心底恐ろしくなったと告白している。八代が若い士官や兵に対して寛容であった背景には、自分の体験があった。「ダメな奴だ」と言われるようなことをしてきた自分があってこそ、ダメな若い者への理解が行き届く。現代でも、赴任したその日から、いつ本社へ戻してくれるのかと考える人は多いが、もしかしたら八代も、初めのうちはロシアの生活に嫌気がさして、早く日本へ帰りたい一心だったかもしれない。

（四）

落ち着いて職務に励むようになって、ロシア研究も充実してきた時期に、八代は廣瀬を迎えた。江田島では一緒に柔道に励んだし、廣瀬は他の生徒たちと一緒に八代の官舎へよく遊びにきた仲である。抱きかかえるように迎えた八代は、廣瀬に、俺の所を使えと言って部屋を提供した。八代の宿はプーシキンスカヤ街11番地にあるが、アパート60戸収容のうち、3Fを全部借り切って住んでいた。台所を除くと5つの部屋があり、ロシア人の女中2人と留守居のばあさん、全部で3人使っている。空き部屋はたっぷりあった。着任の挨拶の日は八代が廣瀬を連れて公館まで歩いた。八代は周りをよくみておけと促し、道々、公館にいるメンバーを一人一人説明して助言を与えた。

八代は、まずロシアの政体を、日本とはいかに違うかを廣瀬に呑み込ませた。

一応は立法府の国会、行政府の国務大臣委員会、司法裁判所である元老院の三権は分立している格好だが、実際は絶対君主の思うがままになっている。たとえば、国会はただ予算の問題を論じ、行政府の報告を聞くにすぎない。その行政府は、宮内、外交、内務、大蔵、法務、文部、交通、国有機関、陸軍、海軍の10省からなるが、その各省は皇帝に対してだけ責任を持つ。司法も有名無実だから、要するに一切をあげて皇帝の思うがままになる仕組み。そして政治の実権は大蔵大臣の寵臣ヴィッテの手中にあるから、何もかもヴィッテ次第である。そのヴィッテが策略家で食わせ者、日本にとって油断ならない人物だと教えた。ニコライⅡ即位後も、日本との戦いの後3000万テールの償金の捻出に苦労していたシナのために尽力して、そのお礼として北満州の一角を貫く東清鉄道の権益をうまうまとせしめた。もともとヴィッテは、三国干渉の発頭人である。遼東半島は断じて日本に渡すな、不服をいえば武力にうったえても仕方がない、必要とあらば軍費は引き受ける、と力説したのである。そんなロシアの行動の裏側をこうも分析した。

「ロシアは大きい国だけど、なんと言ったって大部分は寒い土地だ。そこでまわりを見渡すと、境を接している国は、トルコだろうがペルシャだろうが、アフガニスタンだろうが、シナだろうが朝鮮だろうが、みんな豊かだし、暖かだし、そうしていて、そこの人間は弱いと来ている。そこで寒い国で飢えているロシアは、労もっとも少なくして食最も多いところへ行くという結論になる」

八代はペテルブルグ市内をくまなく案内した。造船所、海軍工廠、海軍兵学校、寺院、公園、運河など、行く先々で八代一流の解説をしながらだから、ゼミ旅行のようなものだった。一通り主なところを案内すると、後は地図を持って自分で歩けと勧めた。

寒くなると外套に困ったが、値が高くて買えない。すると、八代は8着もっていた中の1着を貸し与えた。贅沢など無縁の八代が外套を使いきれない程たくさん持っていたのは意外であるが、きっと日本を代表して駐在している武官は、いろんな所へ行く機会が多いから、着た切り雀と思われては威信にかかわるということだろう。外套一着は給料を相当圧迫したはずである。

いくらかロシア語が話せるようになると、八代はロシアの信頼できる友人たちに、つとめて廣瀬を紹介した。相手の家の子供たちがすぐになついて、行くとつきまとって離れない。「怒れば猛獣も伏し、笑えば児もはいまつわる」とは彼のための言葉だと八代は廣瀬の無邪気な人柄をいまさらのように愛した。

初め廣瀬がロシア語を学ぶにあたり、八代は忠告したことがあった。

「自分は読み、聞き話すことは稽古したが、書くことは稽古しなかったので、後々大いに不便を感じたから、君は書くことを稽古するため、文章になっていなくてもいいから、毎日ロシア語で日記を書くと良い」

廣瀬はその日から実行し、後には文章も立派に書けるようになったと感謝している。雑談のおりに、廣瀬の兄勝比古の嫁が、なんと八代の愛知英学校以来の親友加藤高明の親戚であることが判明した。廣瀬の書簡はロシア時代この兄嫁との間で交わされたものが最も多い。廣瀬は兄嫁を敬慕し、兄嫁は義理の弟を実にこまめに気遣ってくれたのである。廣瀬勝比古も海兵では八代の1級下だから、八代も勝比古をよく知っている。これも何の縁かと2人は喜び合った。廣瀬にとってのハ代はまさに兄であるが、八代もまた友を得たと実感した。何事でも語るに足るし、さっぱりして男らしい。性格はまっすぐで勇気もある。武道に血道をあげるかと思えば和漢の詩に通じていて、自分でもよく作詩する。国際情勢に対する見識もあって、八代が説くところは、たちどころに理解した。八代もまた廣瀬を得てペテルブルグの生活が、この上なく楽しくなった。勤務がない日などは朝食をすませてから、気が付くと夜食になっていて、そのまま深夜まで語り合った。ついに八代が反省して言った。

「こんな調子で日本語ばかりしゃべっていたんでは、君のロシア語ははかどらん。せめて部屋の階を分けて、食事だけは一緒にせんか」

さっそく広瀬は別の階に移ったが、食事が済めばまた2人は飽きることなく話し込んで、別居の効果はあまり上がらなかった。

（五）

イギリス人ジョージ・クラークという軍事評論家が、『ロシアの海上兵力』という本を出版し、八代はこれを手に入れて読んだ。すぐに廣瀬に良い本だから是非読めと勧めた。廣瀬は読み通して書中の主要な海戦について何枚かの海戦図を仕上げた。八代は大喜びで、いずれ全巻翻訳しようと決意を語った。海戦図を見た日、2人は「現状でロシアはどれだけの艦隊を極東に振り向けられるか」というテーマについて論じあった。ロシア海軍全体では戦艦8隻から数え始めて合計32隻14万8000トン、ここからフィンランド湾防衛に回す分などを差し引くと、極東に派遣できるのは、戦艦8隻を含む26隻13万3000トンという数字になった。一方日本は戦艦4隻以下18隻8万トンだった。主力艦などの質は圧倒的にロシアが勝る。どう見ても

――勝ち目は無い――

2人は顔を見合わせてため息をついた。

しかし、「日本も鋭意建艦に努めているから、将来比較でいこう。今後ロシアがどれだけの軍艦をつくるか計算してみようではないか」となった。

1902年のシベリア鉄道完成までは、海軍の拡張は抑制気味に推移するだろうが、問題はその先である。八代は『国勢年鑑』を引っ張り出して廣瀬に渡した。それには、海軍経常費の項目があり、製艦費目を見ればおおよその平均値が得られるという。1889年から10年間の平均は1500万ルーブルだが、1895年からの3年間を見ると数値は跳ねあがる。2000万ルーブルという計算値を見て八代は唸った。1902年以降の6年間で1億2000万は使えることになるではないか。廣瀬がトン当たりの建造費を質問した。

「そうだな、だいたい900ルーブルぐらいかな。巡洋艦以下ならもう少し安いだろう」

こういう時に即答できるということは、よくよく実際の状況を把握しているからだ。ただ、数字や新聞報道だけを見ていては、こうはいかない。

「ロシアの戦艦はだいたい1万2600トンだから、装甲巡洋艦は1万2000トン、一等巡洋艦は7800トン、水雷艇は800トンだ。それで計算してごらん」

戦艦　　　　６隻各１万２６００トン＝７万５６００トン
装甲巡洋艦　３隻各１万２０００トン＝３万６０００トン
一等巡洋艦　４隻各７８００トン　＝３万１２００トン
水雷艇　　　２隻各８００トン　　＝１６００トン
　合計　　　15隻計14万４４００トン

この中から抽出して極東に回すものを予測すると、10隻9万１８６０トンとなった。６、７年後に出現する最新式の海上兵力は

　――日本のざっと3倍――

真っ黒な雲が巨大な圧力でのしかかってくる重みを、２人の武官は恐ろしい沈黙の中で耐えた。

暗雲はこれだけではなかった。ある日八代が官報を見ていて珍しく大声をあげた。

「大変だ！」

廣瀬が何ごとかとすっ飛んでゆき、八代の指さす先を見た。

勅令「１８９８年より１９０４年に到るまで、製艦費９０００万ルーブルを支出」これは戦闘艦6、一等巡洋艦6、二等巡洋艦10、水雷艇30を備えるという拡張案を裏づけるものだった。日本海軍が10年がかりでやろうとする拡張案が2億円、ロシアはわずかの間に同規模の建艦をやってのけるというのだ。前に八代と廣瀬が懸命に計算した予算の予測は6年間で1億２０００万ル

ーブルだった。それでも戦慄すべき数字だったが、この発表はわずか4年間で3億6000万ルーブルである。

(六)

彼らの所へ講道館の柔道仲間である内田という男が来た。シベリア旅行を終えて来たという。内田は最新の情報を伝えた。

「シベリア鉄道は、日本人が想像しているような迂遠なものではない。あらゆる設備が馬鹿でかい。欧州から数千の石工や大工が入って着々と進めている。あと2年でウラジオまで通じる。このままいけば、日本の鼻先に一つのでかい国ができる。その時シナはもう滅んでいるでしょう。朝鮮はもともと貧弱だし、ロシアは朝鮮など眼中にない。ロシアに対して日本はむき出しになる。日本はうかうかすると、第2のシナになる」

「遼東半島をタダで貸せという要求に、結局シナ側は折れて、圧力に屈するしかない。まるで、他人の土地に杭を打って、おれのものだと主張するような、傍若無人の振る舞いで、日本は血をもって勝ち取った遼東半島を、もぎ取られたに等しい」

と痛憤して止まない。情勢は刻々と変わっている。それも日本にとって悪い方へ悪い方へと。八代と廣瀬には緊張の日々が続いた。そんな中でも彼らは詩の心を失わなかった。ある日、八代は

近衛騎兵隊大通りの公使館まで、一緒に出掛ける途中、突然吟じた

万里の長城　胡を防がず

そして廣瀬をかえり見て、この詩句を30歩の間に17字に作ってみよと命じた。すると、5、6歩ほども歩いたかと思うと、廣瀬はもう高々と朗詠した。

盗人を　我が子と　知らで垣作り

その日、一日中、八代は機嫌が良かった。

誰が盗人で、誰が我が子か、防護柵が何を指すのか、2人の間では自明のことだったが、緊迫した空気の中でも7歩の詩で遊ぶ余裕は、まさに「もののふ（武人）」の真骨頂である。

廣瀬はおばあさん子だった。小さいころ母が亡くなってからは祖母が母代わりになって育てた。廣瀬が祖母を慕う気持ちはとりわけ強いものがあった。その祖母の死が伝えられると、悲しみは耐えがたく何日も泣き明かした。八代はさすがに世慣れているから、悲しみの極みは人間の言葉では慰められないことを知っていた。彼は黙って一緒に真心から悲しんだ。だが、廣瀬がついに

眼病になると、八代は忠告した。

「君には君あり国家あり父あるにあらずや。悲嘆はさることながら、眼病となり身を損なうが如きは、祖母君の喜び給う事にあらざるべし」

「彼は愕然とし、夢より醒めたるが如く『ほんとうにそうです。そうです』とのみいいしが、それからようやく快活となり、眼病もほどなく回復したり」

このくだりを島田謹二は「何という素直な答えだろう。この単純正直素朴な答えの中に、廣瀬武夫という人間のありかたが、ありのままに流露している」と書く。


廣瀬は八代学派の学徒になったようなものだ。

「今のヨーロッパはきわどい所でどうやらバランスを取っているのだ。ロシアとドイツは、若い国さ。でもまだ十分発育を遂げていない。長年手練れの老練なイギリスに対して、独力では対抗できない。しかも、ロシアとドイツという両雄は、お互いに仲良くなれないのだ。ロシアはフランスの助けを借りる。ドイツはオーストリアとイタリアと同盟する。そこでイギリスを中に挟んで三つの力が近づいたり、合ったり、離れたり、ひっついたりして、しょっちゅう揺れて動いているのがヨーロッパ政治の現状だ。こいつが根本だ。いいかい。地球上のできごとに目をつけていたまえ。——極東だろうが、トルコだろうが、どんなところでも事件の後ろには、必ず、ヨーロッパの睨み合っている三つの力が、必ずひそんでいるからね——」

まったくその通りだと、廣瀬はうなずく。こんな講義は滅多に聞けないと思えば、真剣に体で覚えようとする。そして、少しでも疑問が浮かべば即座に糺す。八代も受けて立って議論は白熱する。良い講義には余韻があるが、廣瀬も八代と語り合ったことが翌日まで頭から離れないことがしばしば有った。

（七）

明治31年（1898）11月、八代が日本に呼び戻されることが決まった。後継者を推薦されたしとの要望に基づき、廣瀬を推薦した。上司やキーマンもこの昇格に対して異存はなく、準備も万全だった。ただ、本人だけには知らせてなかった。もういいだろうという段階になって廣瀬を呼んで告げると、まったく意外なことに、廣瀬は大いに驚き、この抜擢を断った。普通なら喜ぶはずだが、本人はまったくそんな事を考えていなかった。八代は説得した。ロシア語も既に十分だし、フランス語をやっておけとの勧めに従って習得も進んでいる。ロシアの知友も廣瀬に引き継ぐべく引き回しもできた。何より八代がこれと見込んだ人物である。しかし廣瀬は自分にはできかねると言う。自信がないままに引き受けて失敗をやらかしたら、国家に対して申し訳が立たないと固辞する。どんなに言っても頑として受けない。とうとう八代も腹を立てたが、廣瀬は黙りこくっている。次の日もう一度説得してみたが、廣瀬は八代の温情には感謝しきれないが、や

は り受けられないと、ついに涙を流した。

「余ついにその志を奪うべからざるを知り、負けたり」

廣瀬が何故ここまで固辞したのかは、やはり理解しがたい。出世欲がまるでなかったことは確かであるが、それにしても普通ではない。意固地ではないか。もちろん八代に対して意地を張るわけない。では公館内の他の人々に対してか？　それも無い。唯一考えつくことは、もしかしたら、八代を畏敬するあまり、自分のレベルを過小評価したのではないか？　という仮説である。廣瀬の能力は既に周りも認めているのだが、自己評価はまた違う。自分の如きは八代先輩にはとうてい及ばないと思えば思うほど、後を継ぐことに怖れを感じるだろう。それを口にすれば、そんな事は無いと言い返されるに決まっているが、押し問答をやればやるほど、2人の友情は傷むに違いない。それだけは避けたいのだ。廣瀬の涙はこの板挟みの苦衷から出たのだろう。抜擢を涙で断る情景は、何とも言いようがない。

人事が振り出しに戻って、急遽八代の先輩にあたる野元中佐が赴任してきた。

後輩の後任を命じられた人事ではすっきりしないはずだ。まして薄々いきさつを聞いていたとすれば、なおさらのことである。着任してみると廣瀬は何かにつけ八代さんを連発する。前任者に心酔している部下の存在はそう愉快なものではないが、本人はそこが分かっていない様子である。無邪気なのか何かが欠けているのかとさえ思う。やがて野元も、意地悪をする気がなくても「八代は八代、俺は俺だ。俺の部下である以上俺の命に従ってもらう」という態度にならざるを得ない。廣瀬には風当たりが強くなり、公館の中で孤立して行く。

外国での孤独は、二重構造になっている。

まず異邦人であるから、現地の友人と親しくなり信頼し合っても、やはり細かなところでは違和感が残ってしまう。次に数少ない同胞との交わりは極めて濃密だが、何といっても狭い世界で、日本にいる時のような親友が得られるかとなると、難しい面がある。お互いに小異を捨てて日本人同士が助け合わなければならない。そこで何でも話せて心を許せる友を探すことは困難である。たまさか、そんな友があれば、それはむしろ僥倖だろう。古来望郷の念を詠う詩人は多いが、望郷には二重孤独が背景になっていて、そのことが詩の陰影を深めるのである。八代は自分の経験から、廣瀬がこれから耐えなければならない孤独を察した。

「君は柔道の技では達人だが、まだ奥義を極めていない。もっと微妙に応用しなければだめだぞ」

廣瀬は子供のように純真だが、人が皆そうであるとは限らない。成長するに従い世のしがらみや不条理を知って、それに柔軟に対処してゆくのだが、どうも廣瀬はそこらが分からないらしい。

「好漢愛すべきも一欠あり」と、八代はじれったい。そう見ている八代も実は秘かに孤独に耐えていたのだった。かつて廣瀬に向かって痛憤したことがあった。

「どうもこの頃の軍隊は器械と同じだ。ただ欲望を追うだけで、『忠魂義胆』などというものは、あるのかないのか分からない。倫理とか道徳とか、そうした言葉を口にしただけでもう嫌われる。これでは精鋭な海軍など育たない」

そのあげく重大な一言を漏らした。

「いっそ早く死んでしまおうかと思う時もある」

他の人には断じて見せない胸の内を廣瀬には吐露した。

——八代には廣瀬が分かる。——


ペテルブルクの駅で見送りの人々と一通りの挨拶を終えて、八代は線路が延々と続く先を見た。何羽かの鳥影が見えた。港から来ているのか、春を待ちかねて飛んできた鴈《かり》の一種だろうか。沈痛な表情で横に立っている廣瀬をちらっと見た時、日ごろから愛唱している直江兼続の詩が口をついて出た。

春雁吾に似て　吾雁に似る
洛陽城裏　花に背きて帰る

北へ渡って行く春の雁が私に似ているのか、
それとも、私が雁に似ているというべきか。
華やかな都のちまたで、美しい花に背を向けて、
私は私のあるべき場所に帰ろう

この詩に添えて八代が短歌を詠んだ。

桜咲く　都の春を　見捨てゆく
　　雁と我とは　宿世ありけむ

廣瀬とは「宿世《すくせ》」なのだと感じる。まるで自分の弟のようだ。前世というものがあるとしたら、きっと2人は兄弟だったに違いない、と思う。やがて出発の時間が来て、八代は車上の人となった。春鴈、一羽は南へ飛び、一羽は残った。

八代は南下したがフランスの港から帰るのではなく、わざわざトルコまで大回りしたあげくシベリアを通って極東に至った。敵情視察の大旅行は、シベリア鉄道がどれだけの兵員や物資を運べるのか、という実態をこの目で見ておきたかったからである。

鉄路万里地の果つる処　戦雲暗暗たり東海の天

残された廣瀬はなおも八代を慕う。

「八代がいなくなった。あんなに大切にしてくれた先輩は初めてだと思うにつけ、寂しくなった。

いつでも自分を守ってくれた楯を失ってしまった感じだ。逢いに行こうにももうあえぬ。改めて八代中佐のありがたさが骨身に沁みる。思い返すと、あの人の眼は一種特別な光を放っていた。あの眼はいつも相手をじっと見据えた。どこか怖かった。それに、ものいいかたもはっきりしているし、単刀直入式にズバリという。一度議論になると、決して主張は曲げぬ。本当に熱心で圧倒的だった。もともと勝気で精悍な気質なので、ときには確かに怖い人だった。怖いけれどもさばけていた。素行問題などで他人のことを批判がましくいう奴がいると、あの人は若いのだよ、温かく見てやれとか、俺は男女関係のことはとやかく言わぬことにしているとか言ってさらりとしている。笑うと無邪気な顔になる。たくまないで、自然に愛嬌が溢れてくる。ああいうのが童顔というのだろう。あの人は自分の信ずるところを真っすぐに生きて行く純情の人だ。直情径行漢だ」

「本心から日本の為に身を捧げた本物の国士だ。常識豊かな現代紳士が任侠の徒になった感じだ。海軍武官として来ても、ロシア側がとても大事にした。それは、やっぱりあの人の人柄を異国人でもわかったからだろう。本当に俺はいろんなことを学んだ」

八代が好んだ直江兼続の詩をもう一つ見よう。実に情感あふれる七夕の詩で、これが戦国武将のものかと感嘆するのみである。八代は漢詩の中では、雄渾な詩よりも抒情的なものが好きだった。案外、寂しがり屋だったのかもしれない。少なくとも八代は「理の人」よりも、むしろ「情の人」だった。

織女惜別　　直江兼続

二星何恨隔年逢　　二星 何ぞ恨まん 年を隔てて逢ふを
今夜連床散鬱胸　　今夜 床を連ねて鬱胸を散ず
私語未終先洒涙　　私語 未だ終はらざるに先づ涙を洒《そそ》ぐ
合歓枕下五更鐘　　合歓枕下 五更の鐘

歳に一度の　逢瀬ゆえ
ねる間も惜しみ　語り合う
つかの間休む　枕辺の
乾く涙に　明けの鐘

第5章　日本海海戦

（一）

　ロシアは、トルコを破ってバルカン方面に進出したが、ロシアを抑えるためにドイツは列強の代表を集めて、露土戦争の講和条約であるサン・ステファノ条約の破棄とベルリン条約の締結に持ち込んだ。ロシアはこれ以上の勢力伸長が望めなくなり、反転して極東地域に圧力を向けることになった。

　日本はロシアに対抗して、朝鮮半島を自国の勢力下におく必要があった。日清戦争に勝利して、朝鮮半島から清国の影響力を排除したものの、三国干渉によって、遼東半島は清に返還された。しかし、こともあろうに、ロシアは清と密約を結び、日本が手放した遼東半島の南端に位置する旅順・大連を明治31年（1898）に租借し、旅順に太平洋艦隊の基地を造ってしまった。八代の言う「小さいが勇気のある男が、片腕を失って助けた娘を、大男が嫁にしてしまった」経過である。明治33年（1900）には、ロシアは義和団事件に乗じて満洲へ侵攻し、そのまま植民地化を進めた。イギリスは、ロシアの南下が自国の権益を冒すと見て日本に当たらせるべく、明治35

年（１９０２）には遂に孤立政策を捨て、日本との同盟に踏み切った。当時イギリスがどこかの国と同盟すること自体が異例なことだったが、それほどイギリスの危機感は強かったのである。

日本はそれでもロシアとの正面衝突を回避しようと交渉を続けた。日本が朝鮮半島を、ロシアが満洲を支配下に置くという満韓交換論をロシア側へ提案したが、ロシアはにべもなく拒否、朝鮮半島の北緯39度以北を中立地帯とし、軍事目的での利用を禁ずるという提案で答えた。交渉とも言えない一方的な圧力の前に、日本の世論は沸騰した。というよりも、実態は外交的に追い詰められた印象である。

だが、開戦前の戦力を比較してみると、ロシアと闘うことはあまりに無謀だった。歩兵はロシア66万対日本13万、騎兵13万対１万、砲撃支援部隊16万対１万５０００、工兵と後方支援部隊４万４０００対１万５０００、予備部隊４００万対46万である。どうみても数倍の強敵で、いったいどうやって勝ちを求めようとするのか？

また、戦費の面から見ると更に悲惨であった。日本は武器も弾薬も艦船も、膨大な物資も輸入しなければならなかった。日本は一方で戦い、一方で弾を買いながら戦争をしたのである。当時、政府の戦費見積もりは4億５０００万円だった。日清戦争の経験から推計すると、日露戦争では1億５０００万円の外貨調達が必要と見積もられた。しかし、日銀の保有正貨は５２００万円しかなく、約1億円を外債に頼るしかなかった。だが、欧州各国は日本が勝つなどとは思っていなかったので、開戦とともに日本の既発の外債は暴落し、初回に計画された１０００万ポンドの外債発行もまったく引き受け手が現れない状況だった。日露戦争は外債発行に関しては最初から躓いた。やむなく高金利で調達したが、そのうち日本軍が各戦線で勝利し、ロシアを北へ追い詰めてゆくと、人気が出てきてようやく戦費を借りることができるようになった。もし、敗北のニュースが流れていたら、金が無くて戦えないという惨めな状況に陥っていただろう。明治37年（1904）5月に鴨緑江会戦でロシアを圧倒すると、国際市場で日本外債は安定し、結局日本は1904年から明治40年（1907）にかけ合計6次の外債発行により、借り換え調達を含め総額1億3000万ポンド（約13億円弱）の外貨公債を発行した。ちなみに日露戦争開戦前年の明治36年（1903）の一般会計歳入は2・6億円であり、いかに巨額の資金調達であったかが分かる。国の一般・特別会計によると日露戦争の戦費総額は18億2629万円だった。

返済は辛かった。巨額の債務を全て返済したのは、大正、昭和を越えて、実に80年後のことである。

（二）

戦争は、まず朝鮮にいるロシア軍を駆逐し、遼東半島を攻撃して南満州で決戦を行って勝利を得て、ほどよいところで講和に持ち込むという戦略を立てて始まった。もし城下の盟というなら、ペテルブルグを陥落させて講和条約を結ぶという形になるが、誰一人としてそんなことは考えず、極東地域でロシア勢力の伸長を抑えることだけが目的だった。大軍を朝鮮から満州へ運ばなければならないが、ロシアのウラジオストック・旅順にいる2艦隊が航路を妨害したら、日本軍は満州で立ち枯れてしまう。何としても制海権を確保して兵員や物資を供給し続けなければならない。

旅順の太平洋艦隊（戦艦7、巡洋艦10、水雷艇25、砲艦12、水雷巡洋艦２）は日本に対する通商破壊を戦い、特にウラジオストック巡洋艦隊（巡洋艦４、水雷艇10）は常陸丸事件など日本軍の大陸への物資・兵員輸送を妨害した。そのため、日本海軍第二艦隊は旅順から遠く離れたウラジオストックや朝鮮半島周辺にくぎ付けにされた。そのままでは第二艦隊は決戦に参加できない。日本はまず、ロシアの主力であるバルチック艦隊が極東に回航される前に、ウラジオストック艦隊と旅順艦隊を各個撃破してしまわなければならなかった。ざっと見て日本の艦隊とロシア太平洋艦隊は、ほぼ同戦力、バルチック艦隊がそれ以上なので、日本海軍は2倍の敵と戦うのだった。

2月6日、ロシア側へ国交断交を通知し、佐世保から連合艦隊が出撃し、旅順と仁川のロシア艦艇の撃滅に向かった。仁川のロシア艦艇攻撃には第四戦隊司令官瓜生外吉少将が率いる巡洋艦「浪速」（旗艦）、「高千穂」、「明石」、「新高」およびそれに臨時に加えられた装甲巡洋艦「浅間」と、第九艇隊および第十四艇隊の水雷艇8隻が当たった。八代六郎は浅間の艦長として出撃した。

仁川港にはロシアの防護巡洋艦「ヴァリャーグ（６５００トン）」と航洋砲艦「コレーエッ」に加え、日本の防護巡洋艦「千代田」やイギリス、フランス、イタリア、アメリカ、朝鮮、ロシア商船スンガリなどが停泊していた。「千代田」はロシアとの断交の知らせを受けて2月7日夜にそつと出港し、瓜生艦隊に合流した。瓜生少将は領事を通してヴァリャーグ艦長に対し、2月9日正午までの出港を要求、出港しない場合は港内で攻撃することを通告した。ロシア側は「ヴァリャーグ」、「コレーエッツ」の順で港外へ向かった。12時10分に待ち構えていた「浅間」がロシア側の動きを発見し、12時20分に砲撃を開始した。試射の後、8インチ砲を連続発射、これが「ヴァリャーグ」の前艦橋に命中。続いて砲弾が同じ場所に命中し、凄まじい爆発を起こした。更に煙突、艦の中央部、後艦橋にも数弾が命中した。「千代田」「浪速」「新高」も砲撃を開始し、「ヴァリャーグ」は被弾により損害が増大し、浸水で傾斜し炎上しながら港内に引き返し、「コレーエッツ」もそれに続いた。「コレーエッツ」も1発被弾した。ついに「コレーエッツ」は爆破され、「ヴァリャーグ」も自沈した。

「浅間」の射撃能力は最優秀と言われていたが、その評判通りの大活躍だった。6キロメートル先の小さな移動中の標的を、前後左右に揺れ動く船から撃って当てる難しさは想像できない。「ヴァリャーグ」は全戦闘を通して実に1530発という大量の砲弾を発射したが、日本の艦には当たらなかった。

仁川沖海戦と呼ばれる緒戦の栄誉ある第一弾を、八代は白石大尉に撃たせた。この大尉は、ある事故で部下を死なせたために、軍法会議で位階勲等剥奪という処分を受け、軍人としての将来を失ったが、八代はその人格と才能を惜しんで名誉回復の機会を与えたのだった。白石は感激した。そして第3回旅順港の閉塞作戦に志願し、「桜丸」爆沈に成功したが帰還者は誰一人いなかった。白石が自ら死を選んだ感が否めない。このくだりを語るとき、どうしても思い起こされることがある。

――古代中国にある名将がいた。傷が膿《う》んで苦しむ兵士の傷口から膿みを吸いだしてやった。これを聞いた兵士の母親がたいそう嘆き悲しんだ。人々は怪しんだ。「将軍自らそこまでして下さるなど名誉なことではないのか」。すると母親が言った。「あの子はきっと戦死するでしょう。何故なら、あの子の父親もかつて将軍にそのようにしていただいたことに感激して、危険を顧みず勇戦して亡くなったのです。きっとあの子もそうなるでしょう」――

この逸話に通底するものは功利性であるが、八代はそれとは違う。白石大尉の遺族に対しては何かと配慮を欠かさず、遺児の養育費を送り続けたのである。また後年八代は親友への私信の中で白石のことに触れて「余は今も彼らの帰りを待てり」と哀切の情を表している。

（三）

仁川の敵艦は粉砕した。次は旅順港の艦隊である。別動の第一・二・三駆逐隊は、２月８日旅順東方の円島付近に進出、旅順港へ進撃した。夜襲は10キロメートル先の標的をよく捉えて大きな成功を収めた。戦艦「ツェサレーヴィチ」、「レトヴィザン」、防護巡洋艦「パラーダ」に魚雷が命中した。３艦は座礁擱座《かくざ》した。以後、ロシア側は固く入口を守り、出てこなくなった。だが、作戦司令部は水雷艇の成果に満足していなかった。事前の予想ではもっと破壊できたはずとの不満があり、水雷艇隊司令を、退却が早すぎたではないかと詰問したことがあった。

「水雷はコソ泥のようなもので、さっと攻めてさっと退くものです」

八代は言葉尻を捉えて言った。

「亭主を叩き起こして、朝飯を食わせてもらうくらいじゃなきゃ、割りにあわんだろうが」

これで空気がなごみ、司令は更迭を免れたという。

(このニュアンスは分かりにくいが、水雷艇は元来が小型船で小さいものは数百トン、砲弾が海に落ちた波にもおおきく揺れる。そんな艦艇に無理な使い道を求めても無理な話だということか?)

旅順港は親指と人差し指をくっつけるようにして作った、影絵の狐のくちばしのような形をしている。くちばしの先端のわずかな隙間から船は出入りする。幅273メートルあるが、両側が浅くなっているため、大きな艦が出入りできるのは、中央の幅91メートルの水路しかない。日本側は、ここを塞いでしまおうという作戦を立てた。廃船を5、6隻も沈めておけば、ちょうど蓋をしたと同じ事になる。力攻めしなくても、それで十分に目的を達せられる。この奇想天外な発想のもとは、米西戦争にあった。秋山真之が観戦武官としてつぶさに見たことを、旅順で再現しようとした。だが、旅順は巨大な要塞砲でびっしりと覆われた港で、要塞砲の射程に入った途端、四方八方から砲撃される。閉塞作戦は極めて危険度の高いもので、行くにせよ、戻るにせよ生還は期しがたいものだった。廣瀬武夫はこれに志願した。八代本人も志願したが虎の子の装甲巡洋艦艦長にやらせる筈はない。その代わり、閉塞船の母艦を申し出て許可された。送り出す時と、脱出してくる乗員を救い上げる役目だから、最前線まで艦を進める危険な任務だが、八代はこれを買って出た。

５隻の汽船に十数名ずつ乗って港口を目指した。廣瀬は「報国丸」２４００トンを受け持った。廣瀬たちは夜半に出発したが、敵のサーチライトに捉えられて集中射撃を受けた。強い光に目がくらみ砲弾が立てる水柱、波立つ海面で位置が判別できず、目標地点からかなり離れたところで、それぞれ自沈し、閉塞はできなかった。第２回が準備された。廣瀬はまたも志願した。八代は廣瀬に行って欲しくなかった。廣瀬が八代の艦を訪れて半日ほど歓談したことがあった。八代は第１回の首尾を評して「突入の勇気よりは、悠々として迫らざるの退きようの立派なる」を讃えた。廣瀬は微笑して「これはお互いの如く修養したる勇者にあらざればできず」と答えた。別のある大尉も実に勇気があった。帰還報告に接した八代は、「どんなに勇敢な者でも、成し遂げた後は、目は血走り激昂して平静ではいられないものだが、言葉も顔つきも変わらず、あたかも散歩から帰ったようで、明瞭・正確な報告だった」と舌を巻いている。廣瀬だけでなく、そんな剛勇の士が何人もいたこと自体が、当時の日本の凄さでもある。

第２回は、ロシア側は正確に襲来を予測し防御を厚くして迎えた。午前３時廣瀬が指揮する「福井丸」はロシアの駆逐艦が発射した魚雷を受けて浸水を始めた。脱出の手順に従ってボートに移ろうとして、乗員の確認をすると、杉野上等兵曹1人が足りなかった。廣瀬は部下と共に探し回ったが発見できなかった。再び集合してから更に3回目の捜索は廣瀬が単独でやったが、やはり見つけ出せなかった。足元まで水が来ている状況で、やむなく自爆の支度をしてボートに移乗した。あとは懸命に漕いで逃げるだけだが、方向もよく分からず、まばゆい光が集中し、周りには大小の銃砲弾が落下する。廣瀬は恐怖で体を固まらせる乗員を励まし「みんな、俺の顔を見て漕げ」と指示した。その時に、飛来した砲弾に体ごともっていかれ、一瞬で消えた。「杉野、杉野はいるか！」という廣瀬の呼び声を生還した部下が語り、当時の新聞が大きく報道し、廣瀬は忠勇無双の軍神として国民に記憶された。ちなみに閉塞作戦で死んだ廣瀬の部下の杉野の遺児2人は揃って海軍に入り、中将まで昇った。杉野の妻は、海軍が暮らし向きに配慮して職を世話してやったが、丁寧に謝意を表しながらキッパリと辞退している。辞退の理由は、「他にも大勢亡くなっているのだから、自分だけ特別扱いを受けるわけにはいきません」というものだった。

八代は「なにぶん、哀悼の意未だ去らず、廣瀬のことを読み、或は想う時は、すぐ彼の面貌眼前に現れ胸塞《ふさ》がり云々」と悼んだ。

八代城山作

春花秋月共遨游　　春花秋月　共に遨游《ごうゆう》す

慷慨常懐社稷憂
君已為仙吾亦老
黄金山上白雲愁

慷慨　常に懐《いだ》くは　社稷《しゃしょく》の憂い
君已《すで》に仙となり　吾また老ゆ
黄金山上　白雲愁う

春秋を　ともに過ごせる　国守りの　燃える思いは　遥かにて
君戦場《いくさば》に果て　我も老い　黄金山なり　無情の雲は

（四）

閉塞作戦は期待したような成果をあげられなかった。港口をとりまく砲台群の緻密な配置に阻まれたのである。やむなく、日本側は海上から封鎖を続ける。一方、旅順艦隊の司令長官マカロフは勇敢に打って出て、しばしば日本軍と砲撃戦を展開した。日本側はマカロフが辿るコースを予測して機雷をしかけ4月13日、戦艦「ペトロパヴロフスク」を撃沈、旅順艦隊司令長官マカロフ中将を戦死させるという戦果を上げた。新聞は、「やった！　やった！」と大喜びで報じ、敵将を嘲ったが、八代は憤然とした。

「敵の主将、マカロフ将軍も戦死の由、小生は彼得堡《ペテルブルグ》において将軍と一面識あり。才文武を兼ね資質剛強なる名将なりしが、あえなき最後を遂げられたること、敵ながら惜しむべきことに存じ候。その戦死に敬意を表するため小生は艦員一同と共に、一日音楽遊戯などを止め申し候。彼の将軍のことを日本の新聞にてマケロフ（負けロフ）などと嘲り候は、軍人の意気地など少しも解せず、野卑なる人物のすることと存じられ候」

ちなみに、秋山真之参謀はマカロフの戦いをつぶさに見て、まるで上杉謙信のような進退だと敬意を抱いていた。

この戦法はただちにロシアも採用するところとなり、今度は日本側艦船の運動の癖からルートを予測して機雷を敷設した。5月15日には逆に日本海軍の戦艦「八島」と「初瀬」がロシアの機雷によって撃沈された。この損害は戦艦6隻のうち2隻を一挙に失うという甚大なものだった。2隻沈没の報告を受けた司令部は暗然として声も無かった。決戦を前に空しく艦を失った思いは悲痛を極めた。だが、東郷司令長官はいつもと変わらず「みんなご苦労でした」と落胆も狼狽も見せなかった。この情景は日露海戦最大の印象だったと、アルゼンチンの観戦武官が敬意を籠めて描写し、帰国後に観戦記録を発刊した。

ロシア側はマカロフを失った後、ヴィリゲリム・ヴィトゲフト少将が後を継いだが、ひたすら旅順港に閉じこもり、日本の連合艦隊との衝突を避け艦隊を温存しようとした。極東総督は意気地のない旅順艦隊に対しウラジオストックへの回航を強く命令した。また、日本陸軍第三軍による陸上からの旅順要塞攻撃が開始され、8月に入り第三軍と行動を共にしていた日本海軍陸戦重砲隊が大孤山に設けた観測所を使って照準を行い、旅順港の艦船を砲撃した。戦艦「レトヴィザン」、戦艦「ツェサレーヴィチ」は損傷を受けた。ヴィトゲフトはこのまま旅順港に艦隊を置いておけず、尻に火が付いたというべきか、旅順港からウラジオストックへ回航することを決定した。日本側の待ち望んだ展開である。

日本の連合艦隊は攻撃を図るが、旅順艦隊は海戦を避け、ウラジオストック方面に逃げようとした。日本艦隊は逃げるロシア艦隊を追い求め、旅順艦隊旗艦「ツェサレーヴィチ」の艦橋に２発の砲弾を撃ち込んだ。ヴィトゲフトと操舵手が戦死した。操舵手が舵輪を左に巻き込んで倒れた上、舵機に故障を起こしたために「ツェサレーヴィチ」が左に急旋回して自艦隊の列に突っ込んだ。全艦船は避けようとして、散り散りになってしまった。

連合艦隊は四散しながら南下する旅順艦隊を攻撃し、夜間には水雷攻撃を実行。旅順艦隊の多くの艦艇は沈没艦を出さずになんとか旅順に帰還した。戦艦「ツェサレーヴィチ」と駆逐艦３隻はドイツ領の膠州湾租借地、防護巡洋艦「アスコリド」と駆逐艦１隻が上海、防護巡洋艦「ディアーナ」がフランス領インドシナのサイゴンで抑留され、防護巡洋艦「ノヴィーク」は日本列島を迂回して太平洋を北上、樺太のコルサコフにまで到達したものの追撃してきた防護巡洋艦「千歳」と「対馬」によって撃破された。また、駆逐艦１隻が座礁、自沈した他、駆逐艦「レシテリヌイ」が芝罘《チーフー》に入港したが日本軍に鹵獲《ろかく》された。これだけの艦を失い、旅順では各艦の損害を修復することができず、旅順艦隊は大がかりな作戦ができなくなった。ウラジオストック巡洋艦隊が旅順艦隊を援護すべく出撃したが、上村彦之丞中将率いる第二艦隊に蔚山沖で捕捉され撃破された。

（五）

著しく戦力を落とした旅順艦隊は、本国から回航されてくる増援を頼みとし、いよいよ旅順港に潜んで出てこなくなった。こうなると海からは攻撃できない。陸路、要塞の背後から攻めて行く以外にない。乃木希典を司令官とする第三軍がこの任務を負った。第三軍は海鼠山を占領し、旅順港のほぼ全てを観測することができるようになったが、旅順艦隊主力が引き籠っている海域だけが俯瞰できず、旅順港を一望できる２０３高地の攻略が最優先となった。未曾有の激戦の末、12月旅順港内を一望できる２０３高地を占領した。ただちに観測射撃を始め、港内の艦船をことごとく破壊した。もはや籠城の意義もなく、旅順要塞司令官ステッセル中将は降伏を決意した。

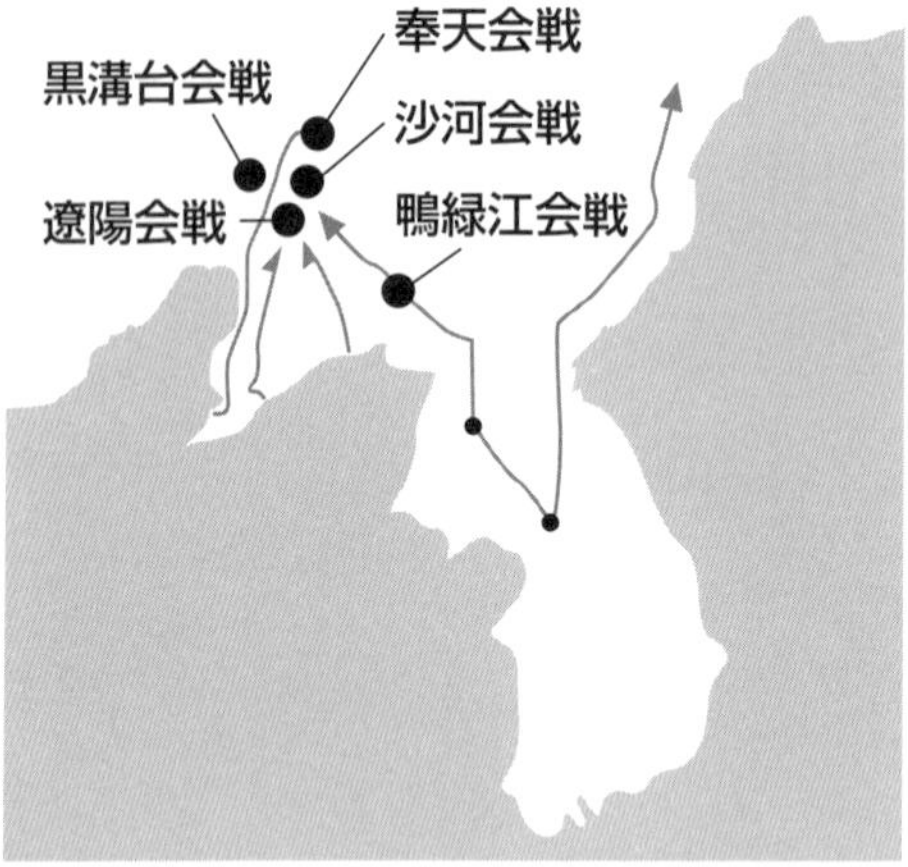

要するに旅順では、海軍の決定的勝利は、むしろ陸軍の膨大な死傷者によってもたらされたのである。

陸上では黒木為楨大将率いる日本陸軍の第一軍は朝鮮

半島に上陸し、鴨緑江岸でロシア軍を破った。続いて奥保鞏大将率いる第二軍が遼東半島の塩大墺に上陸し、5月26日、旅順半島の付け根にある南山のロシア軍陣地を攻略した。第二軍は大連占領後、第一師団を残し、遼陽を目指して北上した。6月14日、旅順援護のため南下してきたロシア軍部隊を得利寺の戦いで撃退、7月23日には大石橋の戦いで勝利した。8月末、日本の第一軍、第二軍および野津道貫大将率いる第四軍は、満洲の戦略拠点遼陽へ迫った。8月24日～9月4日の遼陽会戦では、第二軍が南側から正面攻撃をかけ、第一軍が東側の山地を迂回し背後へ進撃した。ロシア軍の司令官クロパトキン大将は全軍を撤退させ、日本軍は遼陽を占領したもののロシア軍の撃破とまでは行かなかった。10月9日～10月20日にロシア軍は攻勢に出るが、日本軍の防御の前に失敗する（沙河《さか》会戦）。こののち、両軍は遼陽と奉天（現・瀋陽）の中間付近を流れる沙河の線で対陣に入った。沙河では両軍の対陣が続いていたが、ロシア軍は新たに前線に着任したグリッペンベルク大将の主導の下、1月25日に日本軍の最左翼に位置する黒溝台方面で攻勢に出た。一時、日本軍は戦線崩壊の危機に陥ったが、秋山好古少将、立見尚文中将らの奮戦により危機を脱した（黒溝台会戦）。

日本軍は、ロシア軍の拠点・奉天へ向けた大作戦を開始する（奉天会戦）。2月21日に日本軍右翼が攻撃を開始。3月1日から、左翼の第三軍と第二軍が奉天の側面から背後へ向けて前進した。ロシア軍は予備軍を投入し、第三軍はロシア軍の猛攻の前に崩壊寸前になりつつも前進を続けた。3月9日、ロシア軍の司令官クロパトキン大将は撤退を指示。日本軍は3月10日に奉天を占領したが、またもロシア軍主力の撃破には失敗した。勝利を収めながらも、敵主力を粉砕するところまでは行かず、陣地を拡大したが、敵は尚余力を残しつつ撤退していた。日本軍は兵も物資も底を尽きかけていた。

(六)

10月にはロジェストヴェンスキー中将率いるバルチック艦隊が旅順へ向けてリエパヤ港を出発した。地球を半周するという壮大な遠征である。主な軍艦は、戦艦7、装甲巡洋艦4、巡洋艦3隻で、太平洋艦隊が無くなった時点で日本側が少し優勢だった。バルチック艦隊は10月21日深夜から翌22日未明にかけて北海のドッガーバンク付近でイギリスの漁船団を日本の水雷艇と誤認して攻撃し、一方的に漁民を殺傷してしまった。イギリスは怒り狂い、これによって一層反ロシアに振れて、艦隊の行く先々で寄港を邪魔してロシアの艦や乗員を疲弊させた。

世界中の笑いものになった事件だが、八代はそんな醜態を演じたロシア艦隊でも、「それが人間の心理だ。我が軍とてそうならないとは限らない。決して侮るな」と言い続けた。

7ヶ月の航海を何とかやり遂げて、いよいよ東シナ海へ現れた。この後、対馬海峡を抜けてウラジオストックを目指すのか、太平洋側を回って青森か北海道をかすめてゆくか、針路を捉えるために海軍は神経を使った。1隻たりともウラジオストックに行かせないことが課せられていたのだ。バルチック艦隊は対馬海峡を抜けた。日本の連合艦隊は決戦に打って出た。

ロシア艦隊は最短距離で海峡を抜けるべく、ほぼ3列の縦陣で北上、日本の連合艦隊は1列の単縦陣で南下、両者は距離10キロメートルで向かい合った。そのまま進めば並行してすれ違う「反航戦」という形になるが、それではロシア艦隊を逃がしてしまうから、司令長官東郷平八郎はバルチック艦隊の目の前で150度のUターンを行い、敵の頭を抑える形を取った。日本側は1列で次々とターンするが、そこは敵から見れば定点となり、格好の着弾点となる。事実、ここでかなり被弾したのである。しかし、ターンを終えると、今度は敵の針路上に、日本の艦船が長大な阻止線を作る形となり、回転運動の間に距離も縮まり狙いをつけやすくなった。連合艦隊はバルチック艦隊の先頭の艦を集中砲撃した。先頭の艦をやっつけると、2番目に進んでくる艦を再び集中砲撃するという具合に、短時間に順次大量の砲弾を撃ち込むことに成功した。

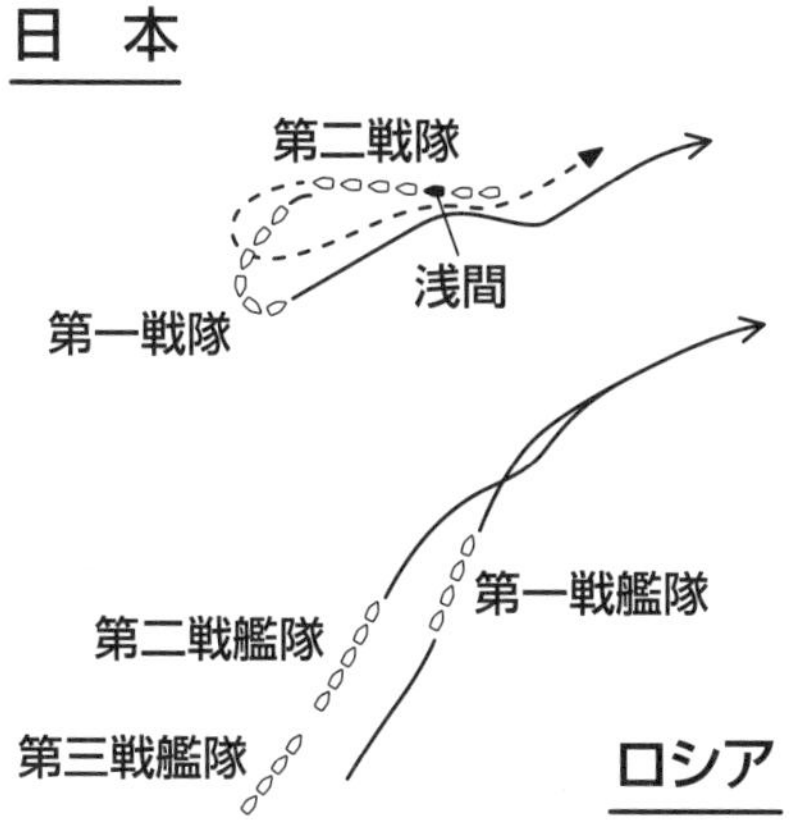

八代の「浅間」は開戦まもなく被弾して舵を損傷し、方向制御ができなくなり、隊列を離れた。孤艦となった「浅間」はロシア側にとって狙いやすい獲物となり、

敵8隻からずいぶん撃たれた。後部に命中した貫通弾で海水が流入、速力の出ぬまま、沈みながら航行した。しかしひるまず射撃を続けて敵艦2隻に大損害を与えた。この惨状を「浅間」砲術長三輪大佐が証言している。

「艦はグングン敵前のほうへ回って、敵に向かい〝さあ、お打ちなさい〟といわぬばかりに全体を露出したからたまらない。浅間は満身に創痍を受け孔の開いた個所からは海水が滔々と浸入した。そのため、艦尾は4フィートも沈下した。『吾舵機故障』の信号を掲げたときは実際どうなるかと思った。だが、艦長は泰然自若だった。片舵機を使って元の位置に戻るように航進を続けた。艦長はいっこうに驚いた様子もない。ところが何の幸いか故障の舵機が再び動き出した。そこで艦は元の位置にもどるよう全速力で隊列に加わった」

列からはぐれてしまった「浅間」がようやく所属の第二戦隊に戻る様子を僚艦はずっと見ていた。

「乗り組みの我々には分からなかったが、後日他艦の者の話によると、『浅間が列外に出た時は随分弾丸を喰ったね！』と言われたほどで、なるほど、その時の艦の周囲に落下した水柱の飛沫が、むごく艦橋を濡らしたのを覚えている。してみると確かに一時は危険であったに違いない。でも浸水のために沈下傾斜した艦を指揮して、晴れの一戦に晴れの働きをしたということは、何といっても艦長の進取的な、突撃的な、英雄的な、頼もしさのためであった。たとえ一寸でもより深く危地に踏み込んで、敵前へ進出しようとする気構えは、いつも艦長の胸中にみなぎり溢れていたのは事実である」

八代自身は後日この時のことを聞かれて「俺は前しか見てなかったから、知らん」と素っ気なく答えている。激戦の中で司令室に入ることなく、メガホンを持ってマストの上から指揮していた八代は、その言葉通り、振り向くことも動揺もなく敵艦を見据えていた。満身創痍になりながらも攻撃の手を緩めない「浅間」は当時新聞で激賞されたが、八代は冷静で正直だ。

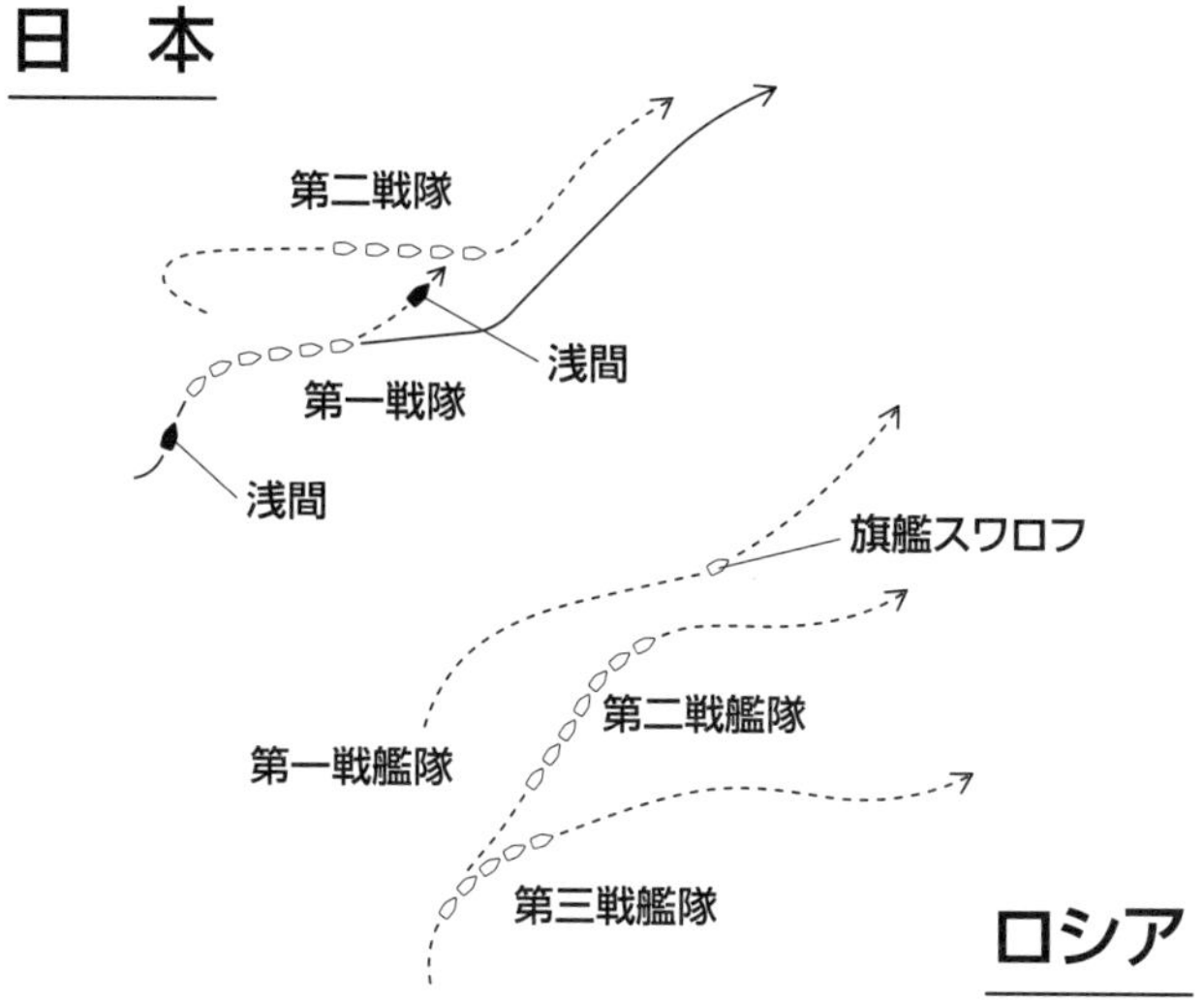

「新聞に『浅間の戦況壮観を極め云々』とあるが、あれは8艦の敵集中弾を受けたとき、他艦艇から物凄き状況を望見したもので、戦場の功は敵に与えた損害の多少により論ずべきで、単に奮闘したからとて格別に賞すべきでない。浅間の平素の訓練度より見れば、半分ばかりの働きをしたに過ぎず、物足らぬ心地でならぬ。ただ、艦に大分損害を受けたころ、艦尾浸水のため5フィートほど沈下したが、戦場を去らなかつたのは、小生の決心と艦員の沈勇によるもの

で、恥ずかしいとは思わぬが、最後の一戦に敵の一艦も沈めえなかったのは、かえすがえすも残念でならない」

こうしてバルチック艦隊38隻は全滅したが、日本側の損害は水雷艇3隻のみという奇跡的大勝利だった。2日間の激闘を終えて最終報告を受けた司令長官のまわりは、まことに静かで、はしゃぐような者は誰一人いなかった。東郷長官の終了宣言は「どうやら終わったようですな」との呟きだった。

兵は不祥の器にして、君子の器に非ず。已むを得ずしてこれを用うれば、恬淡《てんたん》なるを上と為す。勝ちて而《しか》も美ならず（老子）

（戦争は不吉な手段であって君子が好んで使うべきものではない。やむを得ずこれを用いるときは、淡々とした態度であるのがよく、戦いに勝ったからと言って喜ぶべきものではない）

（七）

この海戦の結果を受けてアメリカ合衆国大統領セオドア・ルーズベルトが和平交渉を開始した。

日本側の制海権が確定し、頼みの綱のバルチック艦隊を完膚なきまで叩きのめされ、追い込まれたロシア側も和平に向けて動き出した。

日本について言えば、常備兵力20万人に対して総動員兵力は１０９万人、産業の稼働率は低下し、重税に加えて経済的にも疲弊、民力の消耗が激しかったから、講和の機会を逃してはならなかった。

また欧米各国における「ロシア有利」との予想をくつがえすだけでなく、バルチック艦隊が壊滅するという予想もしなかった海戦の結果は列強を驚愕させ、トルコのようにロシアの脅威にさらされた国、ポーランドやフィンランドのようにロシアに編入された地域のみならず、イギリスやフランス、アメリカやオランダなどの白人国家による植民地支配に甘んじていたアジア各地の民衆を熱狂させた。

「有色人種でも白人に勝てる」

という衝撃はその後の世界史を変えた。時代は下って太平洋戦争になり、日本軍がシンガポールの英軍を降伏させた状況を見たリー・クワン・ユは、イギリス軍が負けた事実を見て、シンガポール独立を考えるようになったと自伝に書いている。マレーシアのマハティールも同じだった。

大国ロシアに勝利したことは、列強諸国が日本という国の認識を新たにすることになり、明治維新以来の宿願であった不平等条約改正に大いに役立った。領事裁判権と関税自主権の問題を解決しなければ国家の存立も望めない。ようやく自主権を得たのだった。新渡戸稲造の『武士道』

は、タイミング良く、未知未開の野蛮な国という日本のイメージを、文明国日本として改めてアピールした。当時の植民地主義の根底には人種的差別があって、文明であるか野蛮であるかがその境界線だった。国際社会でまともに扱われるためには、日本は文明国であらねばならなかった。日本は辛うじてボーダーラインの内側に入った。

第６章　シーメンス事件

（一）

戦争が終わり、八代は巡洋艦「浅間」を降りて地上勤務になった。今度はドイツ大使館付き駐在武官である。三国干渉の時の相手の一つであり、日本にとっては対立していないまでもなお敵性国、すくなくとも油断せずに調査・観察が必要だった。特に山東半島一帯に勢力を伸ばしているドイツは、日本にとっては眼の上のタンコブだった。３年間のドイツ勤務に関しては、先行の八代伝ではほとんど触れていない。また八代自身もドイツ時代の逸話は残していないのが、一つの疑問である。英語・ロシア語をよくした八代がドイツ語を学んだ話も聞かない。年齢的にも49歳、もはや新しい言語を習得するには困難だったのか？　それとも八代には、もっと別の重要な任務が課せられていたのか？　ペテルブルグ時代は中佐だったが、ドイツ時代には少将に昇進していたので、政府や軍の上層部とは外交的にも重要なやりとりがあったと思われるが、日常生活に関する話も見つけられない。だが、冷ややかな扱いを受けたとは思えない、むしろ世紀の大勝利の立役者として尊敬を集めたはずである。海外勤務の間に、金鵄《きんし》勲章、年金に加えて正五位に叙せられている。まずは順風満帆の後半生といえる。

明治41年（1908）に帰国すると、横須賀予備艦隊司令、第一艦隊司令、第二艦隊司令などを歴任し、海軍大学の校長になった。1年もたたない内に舞鶴鎮守府司令長官に転じた。55歳で舞鶴というと、慣例からすると定年の一歩手前で、静かな余生に入りつつあった。舞鶴での逸話に港湾開放の件がある。軍港である舞鶴は厳重な管制下にあった。そこは誰も魚を獲らない禁漁区なので、豊富な魚群の棲みかだった。八代は年に2回地元の漁師に開放して魚を獲らせた。大漁に喜んだ漁師たちは収穫の一部を小学校へ寄付し、学校側は臨時の収入で教材などを揃えたという。また、八代夫人のスピーチもこの時代のものである。

将校夫人会の会長は司令長官夫人が就任する慣例で、操子夫人を会長に迎える総会が開かれた。戦後の奢侈時代のこと、将校夫人たちの着物は、芸者も及ばないほど華美に着飾ったものだった。ところが長官夫人は、木綿の紋付だった。挨拶に立った夫人は極めて謙虚な態度でこう挨拶した。

「あなた方のお召しものに対して、私の衣類は、はなはだお粗末で、一見奇をてらうように思われ、まことに心苦しい次第でありますが、私にはこれ以上の身なりはできません。まず、主人の俸給はいくらいくら、そのうち公共事業への寄付があり、また元部下であった人の子供さんも引き取って世話をしていますが、その学資その他が必要で、これ以上の身なりはできません」

以後、夫人会の風紀は一変したという。このように夫婦そろって質素で平穏な晩年を送っていたが、ドイツで起こった大事件のために、八代はまたも東京へ呼び戻されて、火中の栗を拾う羽目になる。世にいう、大正3年（1914）のシーメンス事件である。事件の背景は以下の通りである。

（二）

精根を使い果たした日露戦争が終わり、講和の条件に日本国民は大きな期待を抱いていた。「賠償金は5億円、領土は満州全域、樺太全部」など無責任な新聞論調が、これらの条件がいかにも正当な果実であるかのような幻想を作り上げた。現実は疲弊しきって戦費を使い果たし、継戦などできたものではなかったが、高揚した世論の前で政府は真実を語れなかった。ポーツマスでの交渉は難航し、南樺太の領有と満州での権益、朝鮮の統治権を得たものの賠償金は一円もなかった。民衆は政府に裏切られたと怒り、矛先は代表に向かった。全権大使小村寿太郎の帰国は命の危険を伴ったほどで、政府高官が何人も小村の前後を固めて歩く始末だった。収まらない国民は暴動を起こした。日比谷焼き打ち騒動は国民の怒りの爆発だった。こんな講和をまとめたアメリカもけしからんと八つ当たりして米大使館も襲撃して、アメリカの対日感情を急激に悪化させた。賠償金にこだわる日本は「正義の戦いではなく、金のための戦い」だったのではないか、との国際世論操作を招き、欧米各国の対日警戒論を育てていった。

奇跡の大勝利の陶酔から醒めて見た現実は、減税どころではなかった。景気が向上して生活が良くなる期待も奪われた。周りには戦没者の遺族の苦境、負傷した廃兵の姿が全国どこでも見られた。一方で政治を牛耳るのは藩閥という旧薩摩藩・長州藩・土佐藩・肥前藩の4藩で、そのうち薩摩と長州が重要な人事を握っていた。内閣は元老と呼ばれる維新の功労者の生き残り6名が、交代で組んでいた。山縣有朋、井上馨、松方正義、大山巌、西園寺公望、桂太郎らは法的には何の根拠がなくても、絶大な影響力を行使していた。今日チャイナセブンなどという呼び方があるが、やや似ているといえる。その弊害がもろに現れたのが大正元年（1912）の大正政変である。第2次西園寺内閣は戦後の財政難に苦しんでいたが、陸軍は2個師団増設を要求した。無い袖は振れないと拒否すると陸軍大臣上原勇作は単独で辞任してしまい（天皇に対して直接辞表を提出）、しかも陸軍は後任を送らなかった。組閣ができなくなった内閣は潰れてしまった。当時、陸海軍担当相は現役の武官でなければならないという、現役武官制（山縣がこの制度を積極的に作りだした）があって、軍が協力しないと言えば、どうにもならなかった。

次を担ったのは桂太郎だが、海軍は海軍で戦艦1隻、巡洋艦3隻の増設を認めなければ海相を出さないとごねた。桂首相も窮地に陥った。この有様に野党は、軍も軍だが藩閥政治そのものが問題だと論じ、政府への攻撃を強めた。桂首相は紛糾する国会を乗り切るために、国会を停止したり、大正天皇の詔勅を濫発して押さえつけようとして、逆に国民の不信と怒りをかきたてた。上層部の連中が国民の手がとどかない世界で勝手な政治をやっているのはけしからんと、憲法を守って議会の機能を全うすべきとの世論は護憲運動として全国的な広がりを見せ、かつ過激化した。新聞社や警察を襲撃したり国会に押しかけデモを行った。野党憲政擁護会の尾崎行雄は「彼らは玉座をもって胸壁となし、詔勅をもって弾丸に変えて政敵を倒さんとする」と激しく非難した。暴動は収まらず桂内閣は総辞職に追い込まれた。組閣からたった53日間である。

軍がいつでも内閣を機能不全にできる絶大な権限を持ったことは、その後の日本を文字通り「軍の国」に変えてしまい、ついに太平洋戦争に引っ張り込む。司馬遼太郎は「軍が日本をハイジャックした」と言うが、現役武官制という拒否権をもつことで、国家をも屈服させることができたのである。

次に首相になったのは山本権兵衛である。山本首相は「軍部大臣現役武官制」が諸悪の根源であるとして、事実上廃止した。この時の陸相木越安綱は山本首相の大義名文論と陸軍からの猛烈な反対の板挟みになって懊悩の末、山本首相の正論にくみした。その10日後辞表を提出したが、陸軍はこの件から徹底して冷遇した。木越は予備役を志願して自らの将来を葬ったと言われる。山縣は大いに不満だったが、山本は動じることなく、原敬や高橋是清などの政友会有力者を閣僚に迎えて、民意を政治に反映させようとした。これは山縣閥に対する挑戦でもあった。

かつて、山本は日露戦争の準備を周到に行った。まず人事刷新、海軍のリストラは、将官8、尉官佐官89人、しかも軍令部長までも対象にした。そのおかげで、若手の近代教育を受けた将官主体の機能的な海軍になったと言われている。海軍大臣の時には若手士官を海外留学させ、能力のある兵卒には士官になれる制度を作った。廣瀬や秋山が留学できたのもこのおかげである。製鉄所や造船所の整備を急ぎ、修理・補給体制を整えた。兵の健康・衛生にも関心が強く、先の脚気問題も山本時代に解決したのである。日英同盟のよしみで艦船の多くをイギリスに発注したが、アメリカへの配慮も抜かりなく注文を出す。同時に国産化に尽力した。いわば日本海軍育ての親ともいうべき存在だった。ようやくまともな政治が始まったと思われたのだが、不運というか、スキャンダルに足をすくわれた。

(三)

海軍は建軍以来、イギリス・ドイツなどから艦船や装備品を購入しており、海軍の高級技術将校や監督官などは、造船会社や軍需品を取り扱う企業の日本代理店との接触が頻繁で、金銭の動きに深くかかわる立場にあった。

シーメンス横浜支配人の吉田収吉の姪が海軍艦政本部部員の鈴木周二造船中監の妻であったことから、シーメンスは入札情報を事前に入手し、海軍関係の通信・電気装備品の受注に成功し、見返りに謝礼を海軍将校に支払っていた。当然収賄になるが、当時はどこもこのような慣例があって、外国企業はアンダーテーブルで謝礼を支払っていた。ところが、シーメンス社員リヒテルが、会社から贈収賄の機密書類を盗み出し、買い取りを要求した。会社は拒否した。リヒテルはそれならと、ロイター通信特派員プーレーに売った。これを知らされた当時海軍大臣の斎藤実は「わが海軍部内にかかる醜事に関係する武官あるべからず、秘密書類の公表はむしろ望むところなり」と明快な態度だった。その後シーメンスとプーレーの間で妥協が成立し、大正2年（1913）11月27日にシーメンスが秘密書類を5万円で買い取り横浜領事館で焼却して一件落着した。このままなら闇から闇に済んでしまうところだが、ドイツの諜報機関がこれを知り、シベリア鉄道で帰国したリヒテルをドイツへ入国したところで逮捕、恐喝未遂罪で起訴した。ドイツ司法裁判所はこの事件に限っては、奇妙なことに国際儀礼に反して日本海軍将校の実名を進んで通信社に公表した。背後にはイギリスと親しく艦船増強中の日本海軍に、この機会に打撃を与えておきたい皇帝の意思が働いていた。判決文の中には、艦政本部第四部長藤井光五郎海軍機関少将と艦政本部部員沢崎寛猛海軍大佐の名があった。このニュースは直ちに日本に伝わり、衆議院予算委員会で立憲同志会の島田三郎が厳しく追及した。山本内閣は、この議会に海軍拡張案とその財源として営業税・織物消費税・通行税の増税の予算案を提出していたから、一方で増税を計りながら片方では収賄という事態を晒したことになる。新聞は連日海軍の腐敗を書きたて、海軍内部からの告発も出てきて、世論は煮えたぎった。藤井少将と沢崎大佐が検挙され、野党の立憲同志会・立憲国民党・中正会は衆議院に内閣弾劾決議案を上程した。ところがこの議案は、164対205で否決されてしまった。日比谷公園で内閣弾劾国民大会を開いていた民衆は憤激して国会議事堂を包囲し、警官と衝突した。

汚職事件はいっそう広がり、シーメンスだけでなく、イギリスのヴィッカース社との関係も明るみに出てきた。ヴィッカース日本代理店である三井物産の重役岩原謙三が、明治43年（1910）に巡洋戦艦「金剛」受注に際して海軍高官に贈賄した事が判明、飯田義一・山本条太郎ら三井物産の関係者も起訴された。当時の艦政本部長で元呉鎮守府司令長官松本和中将が「金剛」の建造に際し、三井物産の手を経てヴィッカースから約40万円の賄賂を受けていたことも明らかになった。予算案は不成立となり、山本内閣はついに総辞職した。

（四）

後継の内閣は大隈重信首相が担うこととなった。陸海軍ともに疑獄事件で混乱を招いた後だから、陸軍の長州人脈も海軍の薩摩閥も首相を出すには不適当という空気もあり、佐賀出身の大隈に落ち着いた。大隈は海相に八代六郎を選んだ。これには重要閣僚の加藤高明の推薦があったが、加藤と八代は愛知英学校以来の親友であるから、加藤の眼には金銭には全く執着しない八代こそ、海軍の粛正ができると映った。だが、この任務は極めて困難で微妙なものである。同じ海軍にいる者が、先輩や後輩の悪事を暴いて厳正な処罰をするのだから、恨みを買うことは必定、どうやったとしても、賞賛よりは非難が集中するはずである。八代は、

「他にやる者がいないというなら、海軍のために儂が引き受けよう」

と受諾した。秋山真之を次官に据えようとしたが、秋山が海兵３期先輩の鈴木貫太郎の上級職につくことはできないと辞退、鈴木を次官、秋山を軍令部長にして海軍省を固めた。八代は一風変わった存在だが、秋山は変人で通っていたので、かなり個性的なチームとなった。

軍法会議は、松本和前艦政本部長に対し懲役３年、追徴金40万９８００円を、また沢崎寛猛大佐に対し懲役1年、追徴金１万１５００円の判決を下した。藤井光五郎に対し、ヴィッカース他数社から収賄したとして、懲役４年６ヶ月、追徴金36万８０００余円の判決を下し、司法処分は完了した。兄藤井茂太（黒木軍参謀）は弟の不始末を知ると、すぐに辞表を出して陸軍から退いた。

当事者に対する処罰は司直の手で下された。これで終わりかと思うが、八代はトップの管理責任を追及した。山本権兵衛前首相及び斎藤実前海相を予備役に編入したのである。待命という処分なら復活の余地があるので、誰もが、そうするだろうと思っていたので、海軍には激震が走り世間も驚愕した。予備役は軍人として終わりで、復活はない。

全く無実であった山本権兵衛と海軍大臣斉藤実を引責辞任・予備役編入したことは、信じられない厳しさである。海軍内部では、海軍の恩人まで首にするとは、あまりに酷い仕打ちではないかと囂々たる非難が出た。ただちに東郷平八郎元帥、井上良馨元帥２名は連れ立って八代を詰問に来た。八代は鈴木次官を立ち合わせて、三つの理由をあげた。

（１）31議会では衆議院は海事予算を通過させ、貴族院は議会終了後内閣総辞職と引き換えに予算案だけは通すと言ったが、山本首相が拒否したので総辞職となってしまった。内閣の存続よりも国防を重んじるべきであった。

（2）松本中将は、山本・斎藤の両大将の信任厚い人だったが、このようなことを行い、海軍の名誉を甚だしく損ねた。任命責任を問わねばならない。

（3）貴族院で村田保氏は、首相に対し罵詈雑言聞くに堪えないことを言ったが、首相は何の抗弁もしなかった。このような対応は軍人の威信を傷つけるものである。

東郷元帥は了解して態度を和らげたが、井上元帥はなお釈然としなかった。東郷らが去った後、八代がつぶやいた一言は「これまで東郷元帥を神様のように思っていたが、元帥もやっぱり人間だ」である。東郷は八代の上官であったし、八代の東郷に対する尊敬もただならぬものがあった。崇拝というほどに尊敬する人物の、意外な側面を見てしまった時の失望や落胆は、悲痛である。この時の八代は東郷を軽蔑したのではないだろう。ただ、依るべきものを失ったと感じたのではないだろうか？　子供の頃から崇めてきた自分の親が、ある日突然小さく見えてがっかりすると同時に、これからは自分が一人で立たなくてはならないと感じる瞬間、それは寂寥感の中で自立の自覚をわが身に言い聞かせる感覚に似ているのではないだろうか？

この人事が発表されると、海軍はもちろん、国民は呆然とした。賞賛の声が上った一方では、非情な人事に大騒ぎになった。「年末まで生きられると思うな」という脅迫状が来たりした。しかし、この犠牲によって国会は海軍の予算は認めた。さすがの八代もここまで決断する前は、懊悩、逡巡考えに考え抜いて、神託を仰いだ。21日間神前で祈り、一点の私心もない心境にたどりついてから断行した。「武士の情け」に流されなかった行動は特筆されるべきものである。

シーメンス事件に次いで起こった「金剛」事件の松本和中将は、収賄の犯罪者だったのか、脇の甘さを突かれて政争、党争に巻き込まれたのか？　八代は海兵1年先輩の松本には容赦ないが、その松本は日清戦争では運輸通信を担当して、陸軍の部隊輸送や物資の洋上輸送を成功させた。見事な働きは海軍だけでなく陸軍からも賞賛された。有能な将官だったことは間違いない。だが、「金剛」疑惑で有罪になるや、免官・位記返上の上投獄され、全ての特権を剥奪された。水交社の名簿にもなく、海軍の仲間から完全に外された。彼を信頼する一部の人々は窮状を見かねてカンパを集めて、娘の婚礼の費用を送ったという。三井高弘（三井八郎次郎）は事件後に三井物産社長職を引責辞任した。

リベートは本来悪習慣である。しかし、シーメンスの一連の経過を見ると、その時の当事者たちは処罰されたが、その前の関係者はセーフだった。慣習なら当然他にも収賄した人々がいたはずだが、法の網は及ばなかった。運と不運なのだろうか？　検事総長平沼麒一郎は「歴代の宮内大臣の中で、この謝礼を私せず国庫に納めたのは波多野敬直だけ」だったという。波多野は第6代目だから、伊藤博文以下、先任の5人は皆松本と同じだったはずだが。

山本は軍人としては終わったが政治家としては返り咲いた。加藤友三郎首相の急死によって首相を拝命、関東大震災の復興の重責を担うことになった。帝都復興院総裁に後藤新平を任命して大胆な復興計画を立案し実行させた。未曾有の国難に立ち向かえる人材は山本しかいなかったのである。しかし、またしても運命のいたずらか、山本本人には関係のない事件で辞職を余儀無くされるのである。難波大介という共産主義者が摂政の宮を狙撃したのだ。幸い弾ははずれたものの、責任の重大さを痛感した山本は内閣総辞職した。2度の辞職はいずれも本人のミスでもなく無能でもないが、滅多にない逸材は埋もれてしまった。西園寺公望がずっと山本を憎んでいたとか、長州閥がアンチ山本に固まっていたとも言われるが、最も山本を憎んでいたのは山縣である。かつて山本は山縣の牙城ともいえる枢密院の定数を削減し、陸軍の師団増設案を却下しながら海軍の増艦予算を通したことがあった。このためシーメンス事件は、ドイツ皇帝ウイルヘルムと山縣が気脈を通じて山本の海軍に打撃を与えたのだという噂が、まことしやかに囁かれた。確かだと思うことは、山縣が政党内閣の出現を強く警戒して、ことごとに掣肘《せいちゅう》を加えようとしてきた事実である。山縣には軍事政権が日本を指導すべきだという信念があった。

陸軍で山縣閥を内部から戦って倒した者はいないが、海軍で山本を放逐した人事を挙行することができたのは、八代しかいなかった。だが、この人事が後に海軍を割る作用を果たしたという意見もある。山梨勝之進中将は「大黒柱だった山本さんの派を排し、昭和に海軍が割れた原因を作ったのは八代さんだ。大正に破綻しなかったのは、加藤友三郎さんと島村速雄さんの人徳に過ぎない」。紀侑一郎は筆誅を加える「八代六郎は、政治性を欠いた一介の武弁にすぎなかった。山本失脚の陰謀に加担したうえ、世論に阿諛《あゆ》迎合して、海軍部内の粛清の美名に自ら酔って、良識を失い、日本海軍育ての親ともいうべき山本権兵衛大将と斎藤実大将を、かるがるしくも、予備役編入を命じたことは、千秋の恨事というも愚かである」

(五)

大正3年（1914）、ヨーロッパでは第一次世界大戦が勃発し日本は日英同盟を結んでいたためドイツ帝国に対し開戦した。陸軍は帝国議会に2個師団増設案を提出したが、野党第一党の政友会は200名弱も議席を有し、国民党代表犬養毅と共に反対に回り、増設案は否決され議会は解散するに至った。大隈首相は、大浦兼武を内相、安達謙蔵を参謀長格に据え選挙戦に挑み、政友会は大敗して議席は半減、与党の絶対多数をもって増師案は可決通過した。この前後、大浦は政友会を切り崩すために所属議員に対し買収工作を行った。対立候補に圧力を加え立候補を断念させる代わりに、見返りに金1万円を渡したという。これが公費の流用と疑われた。陸軍を増強するために、反対派にこのような手段を弄して勢力を削ごうとするなど、許しがたいと世論は沸騰した。

八代は大隈首相に問いただした。

「世間でいろいろ風評が立っているが、大浦内相はあくまで潔白か、法律に反した行動はなかったか、覚悟があるから承っておきたい」

「さようなことは断じてない」

ところが次の閣議を開いた時点では、既に罪状は明らかになり、大浦の辞職・隠居が決まっていた。八代は憤然と首相を詰問した。

「数日前、あれほどはっきりと、そのような事は断じてないと断言しておきながら、今日の結果は何ですか」

「内相が罪を負った以上内閣は総辞職すべき、すくなくとも私だけはご免こうむる」

八代と行動を共にしたのは、加藤高明、若槻礼次郎である。八代が海相の時は公私の関係を峻別していた。郷里の親戚や知友、縁者などが訪問しても、決して特別待遇をせず、また官舎に泊めることはしなかった。県知事や県議会議員などは、物足りない思いをしたという。そんな八代にしてみれば、選挙の買収を行うような人物と同席することなど、「御免こうむりたい」だろう。

辞表を出してからの八代の行動は意表をついている。

京都南禅寺付近に隠棲して法華経三昧、座禅を組み法華経を研究し、自己流で覚えた指圧法で土地の人々の病を治療したりして日を送っていた。転居の挨拶に何を用意したら良いでしょう？との夫人に、ビールを1ダース贈らせて近所の人をびっくりさせたこともある。在家の僧といったところだが、本人がやりたいことはこれだったのかも知れない。八代が法華経の熱心な信者になった縁も小笠原が持ってきた。かつて小笠原が書いた法華経の冊子を八代に贈呈したところ、全ページにわたって細字で書き込みして送り返された。ここまで読んでくれるのならと、その後もいろいろ関連書物を紹介して、ついに八代は数珠を手放さなくなった。海相時代は禿げ頭とでっぷりと太った体と数珠の姿が日蓮上人の絵姿にそっくりだったので、新聞は「法華経の坊さん大臣」というニックネームをつけた。

しかし、この隠居生活は4ヶ月で打ち止めになった。第二艦隊司令長官の親補職である。次いで佐世保鎮守府司令長官に補せられた。予備役―離現職というのが通常のコースだから、かなり特別な計らいがあったと推察される。海軍内部のアンチ八代派も当然多数いたと思うが、山本・斎藤の2偉材を首にしたのも私欲からではないことが、理解されていたのだろう。

佐世保の前任者は山下源太郎中将だったが、在任中に悲劇があった。山下が54歳の時に生まれた孫のような子が小学生だったが、暴漢に襲われて亡くなった。犯人は休職中の海軍大尉で山下の部下だった。理由は、ノイローゼの大尉に、しばらく休んで療養したらどうかと勧めたことを「自分を追い出す」と逆恨みしての凶行だった。悲嘆にくれた山下は、我が子が亡くなった場所を買い取って記念碑を建てようとしたが地主が頑として売らなかった。八代は着任するとただちに一肌脱いで話をまとめてやった。山下はそこを遊園地にして隅に愛児の碑を建てたが、遊園地そのものは市へ寄付した。八代はこの事件に深く心を打たれ、命日には必ず山下邸を訪ねて慰問した。こんなことが続いて八代になついた山下の娘が色紙をねだった。機嫌よく書いてくれたので、娘が礼状を送った。それが桃色の封筒で「八代大将おんもとへ」ときれいな女文字で書かれていて、八代を喜ばせた。これだけが艶聞である。

まもなく軍事参議官に補せられて東京に戻った。予備役となった後は、枢密院顧問で終わった。

第７章　晩年

（一）

海軍大臣を辞めてからの期間は晩年とくくってよいが、この頃の逸話はとりわけ沢山残っている。海軍の中では、重大な職責ではなく、名誉職とも言える立場でどこかへ出入りすることも発言も比較的自由、誰と交際することにも、気を遣わなくてよかった。個性豊かだった八代にとっては、自在に泳ぎ回れる環境を得て、豊かな晩年を謳歌したように見える。

八代が愛した白楽天は田舎暮らしの達人であるが、隠棲には三つあるという。

大隠は朝市に住み　　　大隠は町に住み
小隠は丘樊《きゅうはん》に入る　　　小隠は山に入る
丘樊 太《はなはだ》 冷落　　　山野は淋しすぎるし
朝市 太《はなはだ》 囂諠《ごうけん》　　　町のやかましさは耐えがたい
如《しかず》中隠と作《な》りて　　　むしろ中隠となって

隠れて留司の官に在らんには　ほどほどの官職について時々心を開放するのが、何よりだ

（二）

八代は京都で小隠をやろうとしたが、官命で果たせなかった。命を受けてからは淡々と事に当たり、中隠に自足していたようだ。この進退には頑なさが見られない。ものに拘らなければ、どこにいても楽しむことができるという見本である。

尺八は好きだった。数点しかない「遺品」のリストに記録されていたと言えば、どれほど愛していたか分かるだろう。かつて日露戦争のころ、仁川沖海戦を明日に控えた夜、八代は尺八で「千鳥の曲」を楽しんでいた。艦内に響いた音色に、将兵は心を打たれた。この話が外部へ漏れて新聞が「風流提督」と書きたてたことがあった。八代は憤然として、

「俺は軍人で、風流人じゃない。俺を風流艦長なんて道楽者のようにいうのは、失敬だ。俺はこれから尺八はやめる」

と、封印してしまった。この時に演奏していた千鳥の曲が、数十年を隔てて一場の名場面を構成するのだが、そのことは後で明らかにする。

旧尾張藩主徳川義親侯夫妻が洋行することになった。義親は八代には絶大な信頼を置いていたので、息子の養育を託した。そのために八代邸の敷地内に１室新築して子供部屋にした。八代は小学校４年生の徳川義知（五郎太）を机の前に座らせて諭した。

励むときには　よくよく励め
つゆも心を散らすな　よそへ
あたる仕事に　全力つくせ
中途半端は遊びも無駄ぞ
うさぎ二匹を、一度に追えば
二匹ながらを　得取らぬためし
一つ時には　仕事も一つ
心散らすな　いろいろに

八代の個人教授はかなり厳しいが愛情が籠っていてほほえましい。孫に対するようだ。皇居遥拝から始まり教育勅語の朗読、食事が済むと学校まで送り届け、下校時には必ず迎えに行った。柔剣道の稽古、習字・漢文と、当時の男子の必修科目を授けた。五郎太は泳げなかったので、鎌倉の海水浴では八代がつきっきりで教えた。八代は酒を制していたが、五郎太が１メートル泳げると、お祝いだと称して1本、3メートル泳ぐとまたお祝いで3本と嬉しそうに飲んだ。このあたりの口実はほほえましいが、保護責任は重く、「俺のいない時には、決して泳いではならん」と厳命していた。

ある時は、払子《ほっす》を持って便所に隠れていて、五郎太が入ろうとすると「わっ」と驚かしたりした。こういうことで驚くようではまだ肝がすわっていない。もっと修養しなければ、と説教が始まった。徳川少年もなかなか大変だった。

義親侯夫妻が帰国して五郎太も親元に戻ると、部屋が残った。八代は徳川家に返却を申し入れたが、もともと八代に下賜するつもりだったので、受け取れという。八代は家臣として当然のことをしたまでであるから、貰うわけにはいかない、引き取って欲しいと言って聞かない。ついに取り壊して運んだが、建てるよりも費用がかさんだ。「どうしてそう拘るのだろうか?」と疑問が湧くが何か屈託があったのかもしれない。ちょっと情が強《こわ》い印象である。主義主張をそこまで貫き通すことは、果たしていかがなものか?と思うのだが。

一方ではそれだから良いと見る人もいた。この、返す返さないの押し問答を見て大川周明がひどく感心した。大川はいつも「軍人や役人で大邸宅を構えるのは、経済現象として理解しがたい(俸給だけで建てられる筈がない)」と批判していたくらいだから、八代の潔癖さを見て心酔した。病床の八代を最後まで看取ったほどである。この大川には八代はずいぶんズケズケと殿様批判をした。「あれは大名によくあるバカ殿様だから相手にするな」である。なにぶん義親は奇行が多く、社会主義者を助けたり、貴族院の改革を唱えたり、治安維持法に反対したり、そうかと思うと右翼の大川周明を傍に置いたり、良く言えば懐が深く、右も左もない、型破りの殿様だった。八代から見ると掴みどころが無かったのかもしれない。だが、この毒舌のことは義親本人が長谷川敏行に語ったのだから、義親は八代の悪口を承知していたのだが、別段腹を立てているわけではない。関係者も誰も深刻に思っていないようだ。かつて日清戦争の時の毒づきもこんな風だった。

威海衛陥落後八代らの艦が港に入って行った。まだ敵の機雷がたくさん残っていて、はなはだ危険だった。八代は小笠原を自分に引き付けて離さず、

「お前は俺のそばに喰いついていろ、もしこの艦が水雷に引っかかっても、お前だけは、俺がきっと救ってやる」

「俺よりも艦長の方を気をつけてくれ」

「艦長を？　こんな親父はいいかげんで死んじまっても良い年だ。貴様は若い。これからも国家のために働かなければならない人間だ」

傍らにいた野村艦長はニタニタ笑いながら、

「いいかげんでくたばっても良い年とは、ちと酷いぞ」

と受け流していたそうだ。

（三）

八代は明治天皇の御製を10万謹書すると誓いを立てた。太田垣蓮月尼の短冊を手本にしたが、無骨な八代が精いっぱい柔らかな女文字を習う様子は、何となく可笑しい。蓮月は、若き日の富岡鉄斎を侍童として暮らし、鉄斎の人格形成に大きな影響を与えた。京都でたびたび起こった飢饉のときには、私財を投げうって救い、また自費で鴨川に丸太町橋を架けるなど、慈善活動に勤しんだ。公を重んじ私を顧みない生き方は、土地の人々にも感銘を与えた。住居としていた西賀茂村神光院の茶所で、明治8年（1875）12月10日、85歳で没したが、別れを惜しんだ西賀茂村の住人が総出で弔いをしたという。八代は彼女の書もさることながら、人品を敬慕したのだろう。

ただ、八代は精根を詰めて書き続けて体を悪くした。時には面会謝絶にして集中的に書いて指や手首を傷めた。ある会が、社会事業か何かの資金を作るために八代に書を依頼した。八代はたくさん書いた。会は売って資金ができたので、お礼に2000円ほどを渡そうとした。帰宅した八代は「俺は金のために書いたんじゃない。こんな金はすぐに返してしまえ」と激怒、八代が故郷と関係を絶ったという噂の元になった事件らしい。

その後は自分が信頼する人だけを相手にした。ある日、講談社の野間清治宛に小包が届いた。開けてみると八代の短冊が300枚。その後も300枚、続いて600枚、合計1476枚になった。ことごとく明治天皇の御製を謹書したもの。そのうえ、金言佳句を額面軸物にしたものを送って来た。

「書の巧拙はともかく、これらはことごとく自分の心を籠めて厳選したものである」

野間はこれを手ぬぐいに染めて全国の師範学校に送った。

その旨を報告しようという矢先に訃報が来た。野間は夫人とともに「あっ」と叫び声をあげたという。

大隠は喧《やかま》しいというが、八代の所は客もひっきりなしだった。客は必ず用事を持ってくる。浮世の雑事は避けるどころか磁石のように集まってきた。だが、八代はこれらの頼み事や相談事を退けず、熱心に対応した。俗界の塵芥に埋没してもなお自分のペースで生きて、さらには、晩年は悠々として楽しむ風情をも感じる。これは大隠というべきだろう。日本の隠者というと、多くはひっそりと隠れ棲み、風月を友にして歌を詠むという類型がある。イメージとしては精気に乏しくリハビリしながら生きているような感じがあるが、八代は活発で行動的で生き生きとしていた。その点では八代の大隠は独創的である。

(四)

八代の闘病生活は2年に及んだ。枢密院へ杖にすがって出て行ったころ、

「これを見ろ、俺の手は、今リウマチでこのようだ。これではピストルも撃てない。刀も握れぬ。

軍人たるものが、思い切った事をやり損じる時ほど見苦しいものはない。俺はこの手だ、この手だ」そうして八代は泣いた。嗚咽した。

次第に病がこうじてくると、これまで貰った道具、書画、品物その他一切合切みんな車に積んで返して回った。身辺整理も彼一流のやり方だった。その結果、何もなくなって、養子五郎造によると、「父が私にくれたものは、八代家の名ばかりです。遺産と言えば、日露戦争中旅順郊外にいました時に、奥村五百子女史から贈られたという関の孫六と、親父が昔から持っていた月山という刀が2本、その他には尺八が2、3本、それが親父から贈られた遺産の全部で、まことに綺麗さっぱりとしたものでした」という状態だった。文字通り無一物で逝った。

死の当日、宮内省から特使が来て、両陛下からの葡萄酒を届けた。ほとんど1ヶ月近く食事をとっていなかったので、夫人が「頂きますか?」と言うと、枯れ木のようにやせ衰えた両手を胸の上で組み、しばらく感謝の祈りを捧げてから、意外にしっかりした声で「いただく」と口をつけた。

賎《しず》が身《み》を　おしとにはあらず　戦いの
庭にはてなむ　時をこそまで

先に死んでいった戦友たちを思えば、ここまで生かされたことに対して感慨無量だった。

八代は兵学校の剣道と漢文の教官だった小野邦尚に私淑して、ついに娘を嫁に貰った。結婚が決まった時に同僚から「美人か?」と聞かれると「顔なんぞみてはおらん」と答えたという。当時も海軍内部では高官の子女と結婚する士官は少なくなかった。また高位の将官も若手将校の中から良さそうな候補を選んだものであるが、八代はそうした傾向なども頓着せず、つねづね「自分の女房は自分で探す。女房は一生連れ添うものだから、家柄や金で決めるものではない。義理人情などは問題ではない」と言っていた。八代は小野派一刀流を伝える武田の血筋である小野邦尚の人格を深く尊敬していたので、小野の養育した娘に、初めから全幅の信頼を置いていた。妻は八代の賢婦人として語られるようになるが、八代の無欲さによくも付き合ったと思われるほどで、ある意味では気の毒な女性に見える。なぜなら、有り余るほどの高給を食《は》むようになってさえも、片端から人のために使い、手元は常に淋しい家計だったからである。八代が自分の主義を押し通して生きた代償を夫人は黙々と引き受けた。

実は、八代はそんな妻に決して冷たい訳ではなかった。死の間近、眠っていた八代が、俄然、苦しそうにうなされた。夫人が驚いて呼び覚ますと
「ああ！　今のは夢であったか。お前がボロボロの着物を着て立っているのを見て、実に気持ちが悪かった」

恩給扶助があるとしても、なに一つ残さずに世を去ったら、妻はどうなるかとの思いが彼を責

めたのだろう。

「私が無精して、膝のすり切れた着物などを着てお掃除しているのを見苦しくお思いになっておられるから、そんな夢をご覧になるのでしょう。本当にすみませんでした」

と答えると、傍らに付き添っていた大川周明博士などは涙を禁じ得なかった。この逸話は、特に変わったこともなく、ごく普通のありふれた夫婦のやり取りに見えるが、何か違うものがあるように感じてならない。21世紀に住む者から見ると、妻という立場で、夫の主義に付き合わされて気の毒に感じるが、当時の社会的背景の違いもあるだろうし、夫婦のありかたも異なるだろう。このやりとりから察するに、余人が口を差し挟むことを許されない、強い信頼関係があったようだ。操子夫人は決して不幸ではなかったし、満ち足りた一生だったと見るべきだろう。

偉人、英雄と言われる人たちの私的側面は、最も身近な妻からは、意外に尊敬されていないことが多いものだ。「こんな我がままで自分勝手で傲慢な人のどこが偉いの?」である。吉川英治夫人が「私は吉川と暮らして、退屈だと感じた日は一日もなかった」という意味の述懐をしているが、偉い人に偉い妻という組み合わせもあるというものだ。

(五)

八代の辞世の言葉は他に類を見ない独特なものである。まず死というものを極めて客観的にとらえて、こう切り出す。

「俺は生命の源へ還ってゆく」

禅や陽明学、法華経、欧米の宗教・道徳思想などを広く学んだ八代だが、結局、簡潔に科学的な現実の姿を語る。あの世とも言わない。来世とも言わない。天国でも地獄でもない。「生命の源」とは、哲学的でありながら宗教的な響きも感じさせる。

八代は霊魂の存在を信じていたのだろうか？　肉体が諸元素に戻って宇宙の細塵となることと、生命の不滅を信じることの矛盾はないのだろうか。源へ還って生まれ変わるのだろうか？　転生を信じていたようには見えないが、かといって、転生を否定した言葉も無かった。

「俺はあるように在った」

ここでは西洋の言葉の直訳風だが、八代の一生を振り返ると、まさに、八代らしく、他の誰でもない八代そのものの生涯であった。「あるべくして」あったのでもない。自分しか生きられなかった自分、思い返せば、「かくてありけり」と言う以外に言いようのない率直なつぶやきである。

「俺の生涯は赤裸々であった」

赤裸々というと、やや露骨な印象を免れないが、飾りなくという意味である。人に対して偽らず、自分に対して正直に、隠し事などで心を悩ましたり忸怩《じくじ》たる思いを残すことのない生き方だった。飾りなく生きたという人は他にも大勢いるだろうが、赤裸々という言葉を選んだ背景には八代の闘志の燃え残りを感じる。生きることに誠実であるには、勇気とエネルギーが必要だ。凡人は、誠実であっても、それを貫く勇気を欠くことが多い。その二つを生涯持ち続けたから、あえて赤裸々と言ったのだろう。

「しかし、飛行機が天空を縦横に飛びまわっても、其の矩《のり》を踰えぬものだった」

思うがままに、やりたいように、やったものだという感慨はあるが、それは断じて卑怯なことではなかった。ましてや人倫にもとるようなものではない。それは絶対の自信がある。心の欲するままに行いて、矩を越えなかったのだと。

「俺は無限の感謝とお詫びをして、此の世を去る」

無限の感謝とは、そんな自分の生き方をさせてくれた周りの人たち、社会に対して有難かったという気持ちである。自分だけが力んでも、そうは行かない。やはり周囲の寛容さや協力があったから自由に生きてくることができたのである。ここまではスラスラと納得できるが、次の一句は重要である。「お詫び」という。何をお詫びするというのだろう?

山田方谷は「英雄多く失途の人を作る」と言った。本人もまた英雄偉人たる人ながら冷徹に見て、失途の人に思いを馳せた。英雄偉人という存在は、大きな事業を成し遂げる過程で、たくさんの人を巻き込んで彼らの運命を翻弄する。いわば巨大な渦のようなものである。衆に秀でた人は周辺のひとの犠牲の上にしか、物事を完成させ得ないのであれば、一将の功が成るためには万骨が野に晒《さら》されなければならない。八代のお詫びとは、この辺の事情を言ったものではないだろうか? 八代はこの事を自覚していたが故に、自由奔放な生涯を回顧する時、無限のお詫びが無限の感謝とセットにならざるを得ない。いかに傑物であっても、自分の周辺に配慮した辞世の言葉は極めて少ない。ただ八代のみがこの言葉を残したと思えてならない。

短い言葉の最後が興味深い。

「ああ、疲れた」

で終わっている。

筆記したのは甥の八代五郎造（八代は子供ができなかったので、松山義根の長女ジョウの第五子を跡継ぎにした）であるが、いかにも苦しそうな切れ切れの言葉の、最後の吐息をも、まことに忠実に書き写している。2年の闘病生活の疲れか、これだけの言葉を伝えるだけでも息が切れたのかわからないが、八代姓を継いだ甥の、八代六郎に対する姿勢がよく分かる。想像するに、八代は「これから言うことをしっかり書き留めてくれ」と命じたのだろう。五郎造も男爵までなった人だから、後で読み返して「ああ、疲れた」の部分に当然気が付いて、おかしいかな?と感じたはずだが、やはり忠実に記録して後世に残した。そこが何とも言えない。

（六）

八代が上杉謙信を詠じた詩では、正々堂々と戦う姿と共に、卑怯・姑息な手段を弄さない清々しさを讃えている。八代の一生はまさにこの通りであった。現代風に言えば、フェアプレイに徹した、武士道の体現者だった。

不識庵公　　八代城山（六郎）作

霜は軍営に満ちて星斗《せいと》閑《まれ》なり
眼を挙《あ》げれば只覚ゆ万山《ばんざん》攅《あつ》まるを
鉄の鞭は手に在り衣を振るいて起つ
万馬暁に乗じて江干《こうかん》を度《わた》る
乃《すなわ》ち鬼神侠烈《きょうれつ》に泣くこと無からんや
飃馳《ひょうち》電撃剣光寒し
義戦未だ必ずしも輸贏《ゆえい》を決せず
想い見る襟懐《きんかい》天地の寛《ひろ》きを
塩を饋《おく》る豈《あに》児女の態《たい》に効《なら》わんや
訃《ふ》を聞きて涙を灑《そそ》ぎ丹肝《かんたん》を見わす
戎軒原寰宇《じゅうけんもとげんう》を清むるに在り
義声巍巍《ぎせいぎぎ》たり春日山

（陣地にも霜が降る寒気厳しい空には、星がまばらである。川中島をとりまく山々を見れば迫ってくるようだ。鉄の鞭で僧衣を払って立ち、総軍夜明け前に山を下ってひそかに川を渡る。決戦を挑む勇者の気概は鬼神も泣かせるほど、敵を攻めれば激戦、剣戟《けんげき》の響き。義戦はまだ勝負がつかず引き分けた。各国が塩攻めにして甲斐を弱らせようとするが、上杉謙信は敢えて敵に塩を送る度量を見せた。武田信玄は之を徳としていたので、謙信の訃報に接して思わず落涙した。好敵手同士がお互いに相手を理解することはこのようだった。軍というものは、本来は戦争を無くして天下を平和に清めるものだ。今や謙信の義は春日山に高くそびえるのである。）

（七）

八代が世を去って後、こんな情景が見られた。

時は流れて昭和25年（１９５０）、夏去り秋来たったある日、一人の老人が逗子の海岸を散策していた。老人とは大野國蔵（孤山）、日露戦役に八代の部下として「浅間」に乗り、共に戦った人である。彼は艦上で悠々と尺八をとって「千鳥の曲」を吹いていた八代艦長の姿に感激し、その沈勇を敬慕していた。どこからか尺八の音が聞こえてくるので、立ち止まり耳を欹《そばだ》てて聞けば、これぞ我が敬慕する八代提督の愛曲「千鳥の曲」ではないか。

以来45年を過ぎ、戦いに敗れたこの国の浜辺で彼の曲を吹く者は誰だろうか。折からの雨雲が垂れこめて悲しみに咽《むせ》ぶようであり、富士の秀嶺が雲に隠れて見えないのもかえって風情がある。作者が尺八の音に引き付けられて笛の主を訪れてみると、それは進駐軍のボート小屋から聞こえるのであった。笛の主はボート番の青年で、中に入って話してみると、元海軍の将校であった。かつての大勝利を得た日本海海戦と今次の惨敗と、今、敵国の休養施設で働いて世を過ごしている青年の姿とを思えば、万感胸に迫るものがあった。

大野は感に堪えず、詩を作った。

舟艇守の尺八

大野孤山

炎熱の夏は去りて　秋風来る
風は清し湘南逗子の渚
微《かす》かに聞く洞簫《どうしょう》遥かに漣《さざなみ》を渡るを
杖を停《とど》めて耳欹《そばだ》つれば千鳥の曲
斯の曲老来忘るる能わず
昔提督八代の愛曲
四十五年一夢の中
哲人一たび去って復《また》帰らず
一竿《かん》の霊音能く昔を映して
竹に問う今代勇士の心
涙雲《るいうん》日を蔽《おお》いて将に人をして泣かしむ
秀嶺見えざるは反《かえ》って情有り
去らんと欲して低回《ていかい》　去る能わず
室に入って簫《しょう》を見れば純忠の士

本伝終り

付章　同時代の人々

以上が八代伝であるが、ここでは同時代に生きた人々の列伝を拾いながら八代を偲んでみたい。

(一)　市川新蔵

八代と市川新蔵は気が合ったようだ。

海軍将官と歌舞伎役者という取り合わせは、やや意外の感があるが、この話は八代と大変親しかった小笠原長生中将が語ったものである。

八代がペテルブルグへ出発することになったので、小笠原は親友のために内輪の送別会を開いてやった。その席で、いろいろ話が弾み、今をときめく若手俳優市川新蔵のことが話題になった。すると、八代がしきりに会ってみたいと言い出した。小笠原が使いに手紙を持たせて迎えにやると、ちょうど家にいて、すぐにやってきた。2人を引き合わせると、大いに話が合い、歓談しきりとなった。八代はさまざま語り合ったあげくに、

「君は、どういう心持ちで舞台に立つね?」

「いつも面白くってたまりません」

この返答が、八代はよほど気に入ったようだ。

「フムなるほど、いつも面白いとは法悦の境だ。何業でも、そこまで到達すればしめたものだ。そこで一つ、君に所望があるが、何か一つ踊って見せてくださらんか」

新蔵は、打てば響くように応えた。

「やりましょう、地には困るが、女中衆にやってもらおう」

解説めくが、ここまでの展開がいかに驚くべきことかというと、新蔵は元武士の息子で役者になったが、不羈《ふき》奔放な性格と異常な努力で天賦の才能を開花させた人だった。一世風靡しただけあって、プライドも高く、小笠原との初対面の時は、傲然と「拙者、岡本録太郎（本名）、以後ごじっこんに」とだけ言って、お辞儀も愛想もなかった。権門にへつらうなどという事は大嫌い、呼ばれても動かない、酒席で芸を見せろなどとは相手に言わせない気位を持っていた。従って、踊りの伴奏も一流のメンバーでなければ承知しなかったのである。それが、「女中衆にやってもらおう」とは、譬えれば、世界的なバイオリニストが旅先で偶然演奏することになった時に、ピアノ伴奏者は地元の誰でも構わない、というようなものだろう。本人は恬淡としていたが、周りはそうはいかなかった。

「当時、一と言って二とは下らなかった若手俳優の大立者、（中略）女中から帳場から、板前から、別席のお客まで館内総出のありさまで、縁側でも、入り口でも、人垣作っての大騒ぎ」となった。

ここは、小笠原のリズミカルな名文を直に紹介する。断っておくが、この時新蔵はすでに眼病が進んでいて、立ち居振る舞いさえも、相当不便を感じていたのである。

「地を弾き下方に当たる者も、一世一代の光栄と気合を充たした調べ鮮やかに、吹き出でた第一声の笛に伴い、たちまちゆるく、たちまちはやく、ひらりと揚がり、はつと伏し、右に流れ左に飛ぶと言ったように、胡蝶をしのぐ軽妙さだ。観衆は恍惚として魅了され、高く呼吸する者さえいなかった」

八代は正座して両の拳を膝頭に置き、またたきもせずに見入っていた。やがて一曲済むと、ほっと感嘆の吐息をもらした。

「えらいものだ。どうだ、あの踊っている態度は！　凛として一分の隙も無い」

隣席の伊庭想太郎に語りかけた。

「ああいう隙にたやすく打ち込めるかね？」

「さようさ、無理に打ち込めないこともないが、とにかく、隙はないといっていいな」

伊庭は唐津藩心形刀流の宗家、剣術の達人だった人で、小笠原は旧唐津藩主にあたる。八代は新蔵に丁寧に礼を言い、だいぶ眼が悪いそうだが、劇壇のためにも、おおいに自愛してくれと労わった。すると新蔵は眼をうるませて挨拶を返し、任期が終わって帰国の暁には、更に勉強した芸をご覧いただきたい、と答えた。だが帰国を待てず、新蔵は逝ってしまった。享年37歳。最初にして最後の出会いとなった。

（二）

新蔵の師匠九代目団十郎は、新蔵の高慢を心配していた。「あいつは、見込みがあると思って頼もしく思っていますが、本人が学者とばかり付き合いたがって仲間受けが悪くて困っています。あまりにこれに（鼻の前に両手を重ねて）なると芸が伸びません。折があったら時々ねじってやってください。本人を天狗にしてしまうのは、幇間も同じでお客様としては不見識ではありませんか。私は弟子たちに言ってるんです。『狂言中にお客が手を叩いたり、大声で褒めたりする方がいらっしゃいますが、あれを自分の芸が巧いと思ったら大間違いで、お客様が本当に感動されたら粛然となるはずだ。また、そうおさせ申すまでに、芸を磨かねばならない』とね」

これを聞いた小笠原が新蔵に一部始終を語って聞かせた。すると、段々に頭を垂れ、終に懐紙を取り出して洟をかみ、眼をぬぐった。

「いや、私が悪うございました。そんなにまで師匠が心配してくれるのでしょうか。ああ、すまなかった。きっとこれからは心がけを改めますから、ご覧なすって下さい」それからの彼の態度は確かに改まった。

技芸に熱心な彼があるとき小笠原に、殺陣の必要上、剣術の形を知りたいと頼み込んだ。その場で心形刀流の形を教えたが、「8時ころから始めて1時になっても2時になっても止めようと言わない。こちらも、軍隊生活をしている者が、疲れたから止めようとは言えない。眠いやら腹が減るやらを我慢してやっていると、彼は渋面を作って彼方へヒョロヒョロ、此方へヒョロヒョロ、終いには歯ぎしりしても足らず、ドシン、ドシンと、のべつ尻もちをつくようになった。そうして夜は明けた」。小笠原の新蔵回想である。

(三) 常陸山

芝居の次はスポーツになるが、八代は父親譲りの相撲好きで、当代人気の常陸山と親しかった。常陸山は少年時代、叔父で剣豪の内藤高治を頼って上京した。東京専門学校への入学を目指して試験勉強する傍らで剣道の指導を受けたが、怪力で打ち込む竹刀は砕け、時には内藤の竹刀が打ち落とされたこともある。この怪力に感服した内藤が、おまえは相撲取りになったほうが良いと勧めた。

新蔵を紹介したのは小笠原だが、八代は常陸山を小笠原に紹介した。ある日、水交社の海軍相撲が終わってから料亭に繰り出し、秋山真之も加わってにぎやかになったころ常陸山がのっそりと現れた。ますます興に乗って飲むと、常陸山が、「今日ほど愉快なことはありませんや、うれしいついでに皆さん記念に寄せ書きをしてくださらんか」と羽織をバッと脱いで広げた。「よし！書こう」と八代が応じ「俺も」と秋山が続いた。常陸山はお礼に踊ると言いだして座敷を揺るがしたという。

梅ケ谷と全勝同士対決の大相撲の末優勝して、横綱の免許が決まると、梅ケ谷の健闘をたたえて、役職者たちに同時昇進を申し出た。これにより揃って横綱が誕生したが、これ以後横綱は称号から地位へ変わった。取り口は、常に相手に十分に力を出させてから相撲を取る形で、よほど力量の差がないとできないものだった。後年多くの横綱がこの取り方を強いられて犠牲になったと言われる。相撲という興行を国技の地位まで引き上げた功績はいまもって讃えられている。常陸山は通算成績150勝15敗、「角聖」と言われた。常陸山は、「力士は侍である」という信念を持ち、力士が贔屓の席を回って酒杯を受ける習慣を嫌い、ついに撤廃した。土俵外の生活においても厳格で、力士たちには絣の着物と袴の着用を徹底させ、浴衣姿を禁じた。今日新幹線のホームでも浴衣姿の力士が見られるが、正装に拘った常陸山の気持ちが察せられる。門限に1分でも遅れた者には問答無用でステッキを飛ばしたという。八代六郎・廣瀬武夫と意気投合して義兄弟の盃を交わした話は当時から有名だった。相撲史上屈指の艶福家と言われ、現役中からさまざまな女性と関係を持った。彼女たちが「あなたの子です」といって赤ん坊を連れてくると、調査などをせずに全て認知して十分に援助した。その数55人といわれる。ここらも、常人ではない。

（四）清水次郎長

八代の交際は多方面である。清水次郎長は廣瀬武夫の縁につながる。次郎長の談。「廣瀬さんは大変元気で面白い人だね。時々遊びに来るが談好きな人だ。いつでも俺が遊び回っていた頃の話を『話して聞かせろ』ってね。一時になっても二時になっても『もっとやれもっとやれ』って際限なしさ。俺も自分で面白くなって、ついついそれからそれへと話して聞かせると、先生『愉快愉快』と言って大口開けて笑うんだ。で家内でも廣瀬さんの笑い声っていやぁ評判ですぜ」

次郎長が名を知られるようになったきっかけは弔いである。明治元年（１８６８）、榎本武揚率いる幕府軍船２隻が清水港に入り、新政府側と戦闘になったことがあった。港内には多くの死体が浮かんでいたが、かかわりあいを恐れて誰も始末をしようとしなかった。次郎長は子分たちを動員して死体を全部引き上げて懇ろに回向《えこう》してやった。「どちらもお国のために戦ったんだから、敵も味方もない」これで新政府と旧幕府側に多くの知己を得た。

山岡鉄舟は次郎長と深く付き合い、剣道の技はともかく度胸は十分だと認め、「剣道免許はやれないが度胸免状を出してやろう」、と言って「精神満腹」と揮毫した。次郎長はこれがなによりも自慢だった。後年、頭山満がこのいきさつを知って感銘を受け、「精神満腹会」なる会を立ち上げたが、八代六郎を担ぎ出して会長就任を頼んだ。次郎長の前半生は決して褒められるようなものではないが、山岡鉄舟の知遇を得たあたりからは、がらっと人が変わったようだ。富士市大渕に次郎長が開墾した広大な農地があるが、そこの白髭神社には八代が揮毫した石碑が立っている。「大侠次郎長開墾記念碑　海軍大将男爵八代六郎」力強く丁寧な字である。案内板には67町歩の開墾の結果、後の住民たちが恩恵を受けている旨が書かれている。

勝海舟と次郎長の問答が伝えられている。

「次郎長さんよう。海道一って言われる親分なら、あんたのために死ねる子分はいってぇどれくらいいるのかい」

「そんなもんいやしませんや。――でも子分のために死ねる親分なら、ここに一人いますぜ――」

（五）　安岡正篤

安岡正篤が25歳の時、『王陽明の研究』を世に出した。63歳になっていた八代はこれを読んで感心し、一席を設けて招いた。2人とも名うての酒豪、話が陽明学に及ぶと八代は滔々と自説を述べた。安岡がさえぎった。

「ちょっと異存があります」

「どこが異存だ」

ということから大変な議論になって果てしがなくなった。手洗いに立った安岡に八代夫人が、「今夜はお引き取りください。12時も過ぎて5升空けました。主人も若い時はともかく、もう歳ですから」と帰宅を促した。

「今夜は失礼しました。お暇致します」

「逃げるか！」

思わず安岡が言い返そうとしたが、夫人が制止して八代を叱ったので、

「では1週間後を期して再会しよう。その間にお互いに熟慮反省して、間違っていた方が弟子になろう」となった。

1週間後、八代は羽織袴姿で安岡邸を訪ね、自分が間違っていたと弟子入りの礼をとった。以来八代は若手将校たちを安岡の塾へ連れて行って講義を聞かせたりしたが、その中には山本五十六、米内光正、佐藤一郎（佐藤栄作元首相の実兄）もいた。こうして海軍と安岡正篤の特別な関係ができていった。安岡の『王陽明研究』を読んだある学者が、ファンレターを書いてきて、封筒の宛先に「安岡正篤教授殿」と書いた話が残っているが、その学者はまさか弱冠25歳の青年学徒が書いたものとは知らず、東大の教授と思ったのである。陽明学をめぐってその安岡と何時間も論じたということ自体が、八代の学識の深さに驚くしかない。

（六）坪内逍遥

八代の秘書官を務めた野村吉三郎（のち外相・駐米大使）は、「清廉な人だったが、政治的な手

腕については、山本さんや斎藤さんにははるかに及ばなかったように思う」と述懐している。恐らく当たっているのだろう。秘書官ほど上官を身近に観察して、裏も表も何もかも公平に見る立場はないから、真実に違いない。

八代の信条は単純明快に生きること、どんなに複雑な状況であってもこれを整理し純化して、行動はただ単純に明快にするというものだったから、政治の世界は意識的に避けていた。権謀術策はもともと性に合わないのだ。

頭山の回想によれば「（八代は）ともかく開戦が遅れると大変なことになるから、少しでも早い方が良いと言って、盛んに論じた。山座とは親友だったが、ポーツマスのやり方が気にくわないと憤慨して『小村・山座など、こういう奴は撃ち殺してしまわねばならん』というので（その場には芸者が大勢いたので）山座は『貴様に叱られるよりは芸者に嫌われる方が良い』と受け流していた」という。私的な座では随分荒っぽい様子だが、一筋縄では掴めない人物像である。

坪内逍遥は少年時代をよく知る関係である。

勝ち気で、精悍であっただけに、少壮の頃は随分短気で、むかっぱらを立てる癖があったが、読書による修養の結果か、何事にも細心で、常識が豊かで、能く自制し、しばしば反省した。磊落《らいらく》ではあったが、決して粗暴ではなく、到って礼儀を重んじた。

（七）山本権兵衛

山本権兵衛の公的な業績はすでに明らかなので、ここではまったく私的な、結婚生活についてのみ語る。妻は新潟県の漁師・津沢鹿助の三女・登喜子であるが、実は品川の妓楼で遊女として働いていた。登楼した山本は可憐な娘から身の上話を聞き、何も知らずに売られたことを知った。義憤に燃えた山本と朋輩はその夜のうちに救出作戦を敢行して逃がした。その後楼主との交渉を経て手打ちをしたことになっている（らしい）。確証はないが、恩師の勝海舟が知恵を授けたか、一時金を工面してやったかと想像できる。海舟自身深川芸者と結婚しているくらいだから、世間の仕組みやしきたり、人情に通じていたのである。明治10年（1877）12月、当時海軍少尉だった山本権兵衛は正式に結婚したが、薩摩閥の海軍士官が、士族ではなく、平民の娘と結婚することは、当時としては異例のことであった。まして前身が遊女となると破天荒だったはずだ。だが、権兵衛は結婚の際、「一夫一婦は国法の定むる処なれば誓ってこれに背かざること」「一家に属することはすべて妻の責任に任す」など七ヵ条の誓約書を書いて、終生変わることのなかった彼女への愛情を示している。昭和8年（1933）3月30日、妻の登喜子が死去すると、山本もまた、前立腺肥大症のため妻を追うように同年12月8日、東京・高輪台の自宅でその生涯を閉じたのだった。

家庭では6人の子供に恵まれ、長女イネ（1879年―1976年）は海軍大臣を務めた財部彪海軍大将夫人、次女するゑは山路一善海軍中将夫人、三女ミねは山本盛正夫人、四女なミは西郷従道の息子上村従義男爵夫人、五女登美は首相松方正義の息子乙彦に嫁いでいる。長男の清は海軍軍人（海軍中佐）。

登紀子夫人は稀に見る賢婦で、よく分をわきまえ、山本の立場を考えて、社交界はもちろん、一切の公式の行事にも顔を出さず、ひたすら家庭にあって内助の功を積み、子女の教育育成に専心した。家庭はいつも春風駘蕩の感があったという。

明治天皇は誰から聞いたか分からないが、宮中の宴会には決して姿を見せない夫人にいたく同情せられていた様子だった。ある日宴会のあと、東園侍従を召されて、

「今日の料理を山本の家内に届けよ」

と仰せられたが、侍従はどういうことかと不思議に思ったが、あとでその訳を知って、いかに山本を信頼されておられたか、また、臣下を愛する御心に感激した。このやりとりは紀侑一郎が侍従本人から直接聞いた秘話として書き残している。

また日ごろ山本権兵衛はたいそう家庭を大事にしていた。山梨勝之進大将がまだ山本に仕えていた頃の話。

「山本閣下は、海軍大臣の頃は、退庁時間が来るとさっと私邸に帰られ、宴会は一切謝絶。のっぴきならない場合は、いったん帰宅して食事をすませてから出席されるが、宴会の予定を報告す

ると決まって『副官、その宴会には芸者は出ぬだろうな』と念を押される」

ただでさえ激務の重職を、定時勤務で悠々と片付けたうえ、海軍史上特筆される画期的な大改革を成し遂げたのであるから、こういう人を本当の偉人というのだろう。ちなみに恩師の勝海舟は妻と妾たちの扱いに苦労したが、正妻の遺言は「海舟の墓へは入れるな、息子小鹿の墓へ入れてくれ」だったそうな。

（八）宇都宮三郎

「宇都宮という人は近世の英傑だった」

と八代が評する宇都宮三郎も、奇特な人である。尾張藩士として名古屋に生まれ、甲州流軍学や伝統的な砲術を学んでいたが、西洋砲術に興味を持って研究するようになった。文久元年（1861）、勝海舟の奨めで幕府の蕃書調所に勤めた。また、講武所でも大砲、銃、火薬の製造を指導した。精錬所、精錬方を化学所、化学方と改称するよう提案し、採用された。Chemistryを従来の「舎密《はみ》（学）」から、「化学」という訳語にしたのも彼である。鉄道や港湾の建設に必要なセメントの国産化に取り組み、官営深川セメント製造所を建設、国産初のポルトランドセメントの製造に成功した。セメントの他、炭酸ソーダ、耐火煉瓦の国産化などに当たり、日本の化学工業の先駆者として業界に貢献した。

工部大技長となり、２度の欧米出張を行った。明治17年（１８８４）、肺病のため辞官することになったが、辞官のエピソードが意表を突く。工部卿伊藤博文に辞表を出したとき、「そのまま静養したら数ヶ月過ぎれば恩給が出る」と言われると、「それは大変だ。すぐに辞めさせてもらいたい」と答えて伊藤をびっくりさせたという。また、明治14年（１８８１）福沢諭吉の勧めで、日本で初めて生命保険に加入したが、まもなく肺病にかかり、このまま自分が死ぬと会社が２００0円の損害を受けると考え、掛金を払わず、契約を解消しようとした。福沢は「一度言いだしたら後へは引かぬ男だから」と自分がひそかに掛金を払い続けたという。

八代は若い士官時代、師事して甲州流軍学を学んだ。大きな人格的感化を受けたが、宇都宮も八代の人柄品性を愛し、師弟ともに肝胆相照らした。

私は中年になって宇都宮三郎先生に甲州流軍学を学んで少しは兵理に通じるようになった。先生は常に私を戒めていった「心の鍛錬をしなければ、将たることはできない。心の鍛錬はまず慢心を絶つこと、聖賢の書、名将の伝を読むときは、恭敬その人を拝んで教えを受ける気持ちになることだ。そうして、戦績を慎重に考え、細かく推察し、もし自分だったらどうするかと考える。昔の戦法を現代に生かすにはどうしたらよいかを考えるのだ。そうして、古人も発見できなかった見識を自分で立てるのだ」。この教えに従って私は海軍大学へ入って、青年将校に混じって勉強した。

宇都宮には八代だけでなく秋山真之も師事して熱心に講義を聞いた。

明治三十二年の頃である。秋山氏、小生その他二三の海軍士官は故宇都宮三郎先生を師とし軍学を勉強した。先生常に仰せられるには「軍学上もっとも呑み込みの良いのは秋山なり」であると。秋山もまた、「宇都宮先生はマハン将軍にも勝りし見識高き御方である」と推服した。宇都宮先生かつて小生を呼び寄せ甲州流軍学の秘書「夜闘的書」という一書を示され言われるには「この書は是非秋山に一読させたい。だが彼ははなはだ公務に多忙のようだから、これを彼に渡しても読まないだろう。よってこれは一週間の期限付きで宇都宮から借りたので、急いで一読の上返却せよと申し込みなさい。そうすれば彼も他の用を打ち捨てても一読するだろう。しかし秋山が返却してきたら、そちらも一読して保存しなさい。私には返さなくてよい」と。私はその通り取り計らった。その後先生また仰せらるるには、「秋山は応用の才に優れている。先日の書も今日に至れば陳腐になり、そのままこれを戦陣につかえない事も多い。しかし、その書記するところを、趣を変えてこれを応用するなら、必ず役に立つだろう。秋山ならこれを応用できる」云々。

日露戦争の仁川の役に瓜生隊に浅間（当時八代将軍は浅間艦長）をつけたのは敵が「銀」と出るときには一枚上の「金」と出よとの教えである。旅順閉塞隊出発の際全軍で送り、翌朝出羽隊に迎えさせたのは、甲州流軍学「夜討」の格を応用したもので「送り備え」「迎え備え」である。日本海海戦には「待ち伏せ」「朝駆け」「正戦」「夜討ち」「追討ち」等の格が応用されたのである。

宇都宮先生は明治三十四年末に逝去せられて、門人の偉勲をご覧になることは無かったが、まことに残念である。

後年八代と面談していた人が宇都宮のことを回想すると、八代は直立不動の姿勢をとって恩師に敬意を表したという。

宇都宮は奇行で知られている。

病にかかると死を覚悟して、自分で考案した遺体保存棺を作らせた。その時は幸い一命を取りとめたので、書庫として使用した。再び病気が重なって、死期が迫るに及んで再びこれを製作。死後、その中に埋葬された。その処置も防腐剤の種類や使用法を決めておいた。ちなみに、木材の防腐に関しては専門家だった。当時電柱は、木柱だったが、これを防腐処理して、寿命を延ばし、配電のコストを削減させた功績があった。酒の防腐方法の開発や金肥の製造法、製氷装置も作った。万能の天才だった。

何かの図面を引く時や実験にかかると何日間も一睡もしないでやったが、これが出来上がるとまた何日もぶっ通しで寝た、という話の持ち主である。

蘭方御殿医桂川甫周の屋敷には当時気鋭の蘭学者が集まっていた。宇都宮は福沢諭吉ら他の生徒が通いで教えを受ける中で、しばしば泊まり込んで勉強したり議論したりした。ついに桂川の屋敷内に洋館を建てて住むまでになった。宇都宮と桂川の親密さは兄弟のようで、桂川の娘今泉みねの回想では「なあトノさん、あのなあ、このなあトノさんと、父のあとを厠までも追っては話かける親しげなご様子、なお、ほんとにまだ見えるようでございます」と描写されている。ある時は何かの間違いか町人の一揆が屋敷に押し寄せてきた。竹槍など物々しい中で宇都宮が作戦を立てた。「邸中の肥を集めて水を増して増やし、ただいまのタワシのようなものの大きなのを竿の端につけて、それを肥どろに浸して先方に向かって振り回すのです。桂川の武器は肥だ、糞だ、屁だという騒ぎ、これはたまらんと勇んできた兄い連中も、なかばおかしくなって笑いながら引き上げていったものですとか。これは刀など使ってはお咎めにもなると思って宇都宮さんが機転をお効かせになりました」

みねの叔父桂川甫策が宇都宮と両国橋を渡っていた時に、暴漢に行く手を塞がれた。宇都宮は当身の技で、アッといえばドブン、アッといえばドブン、何の事もなく4、5人を川へ投げ込んでしまい、パッパッと手をはたいて、「甫策さーん、甫策さーん」と呼んでいた姿には、先に番小屋に逃げ込んでいた甫策もあきれたという。宇都宮は情においては実に深いところがあって、「父の病気の折にはつききりで看病、ある時などは父の顔をじいっと見つめていますうち、いつしかポタリポタリと涙をこぼしていました。何か冷たいなと思ってふと目を開けてみたら、それは宇都宮さんだっと分かり、思わず父も枕を濡らしたそうで」と伝えている。

「最後の面会では『自分は、あと3日はもつじゃろう』などと言われましたが、すべてが透いてみえるようにわかっておられるとしか思えません。本当の大人物でお偉い方でありながら、無邪気で相手の身分も年もなく、無学な者でも小児でも決して馬鹿になさらず、難しいお話なども骨折ってやさしくしてくださいました」

宇都宮は福力があって、尾張藩、紀州藩などから随分多額の資金援助があった。それでいて研究や実験に惜しみなく使うので、手元には大金があるかと思うと金欠だったりするのが常だった。本人は金銭には無頓着で、一生窮することなく、大金を動かし続けていながら財を残すこともなかった。

これも立派な武士、「この弟子にしてこの師あり」ということか。

おわりに

（一）

八代六郎は日露戦争後に起こった軍と社会の変化をどう見ていたのだろうか？　恐らくはあまり愉快には感じてはいなかったと推察するが、公的な場での批判は控えていたようだ。この姿勢は山本権兵衛も徹底しており、山本は公的発言を一貫して封じていた。この時代、済んだことをとやかく言うことは、みっともないと感じられたのだった。だが、決して心配がなかったわけではない。そんな心境を代弁するかのような建設的批判がアメリカのエール大教授を務めていた日本人から寄せられた。

朝河貫一は、アメリカの社会を熟知していた人物だが、日露戦争後の祖国日本を憂い明治42（1909）に『日本の禍機』を発表した。戦争終結後わずか4年の時だが、欧米各国、中でもアメリカの日本に対する政策や米国民の感情が、劇的に逆転したことを警告した。「武士道の発揮、挙国の義心」として戦ったはずの戦争がもたらしたものを反省し、変化の原因を縷々述べているが、アメリカをしてそう変化させた最大のものは、日本自身に帰せられると朝河は説く。ロシアの横暴を懲らしめて中国・朝鮮を保全するという国際正義が表看板だったが、戦後の実態はロシアにとって代わって中国・朝鮮の地に日本の国益を求めることだった。しかも「独占的に」であるから、欧米諸国は大いに不満と不快を感じた。

「痛嘆すべきは、戦勝の力によりて、満州に新外交を強制し得たる日本が、同じ戦勝の功により、同じ満州において、自ら旧式の利権を作為し、また自ら請いて露国より旧外交の遺物を相続したることとなり」

「戦前の公言は一時世を欺く偽善の言に過ぎずして、今はかえって満州及び朝鮮において私意をたくましくせんとするものなり、という見解においては万人一致し、かく観察せざる外人極めて稀なるごとし。戦前世界が露国に対して有した悪意は、今や変じて日本に対する悪意となり、当時日本に対したる同情は、今や転じてシナに対する同情となりたり」

中国は満州における日本の横暴なやり方を、ことさらに欧米に訴えて同情を買い、欧米の世論をもって日本に圧迫を加えようとした。事実であろうと風聞にすぎないことであろうと、報道されたことの影響は多大なものがあり、次第に日本のイメージは「悪者」になって行く。朝河はアメリカに対しては日本・東洋諸国への理解と認識を、日本に対してはアメリカや欧州諸国の見るところの違いを説いて警鐘を鳴らした。緻密な論証と客観的な立場と、豊かな歴史の学識に裏打ちされた意見は、米国ではないがしろにはされなかったが、故国日本では、せっかくの見識も当時の国民感情に受け入れられなかった。

彼は将来のある恐ろしい可能性を予告する。それは、中国に関して日米が対立して、ついに戦うことになるというものである。統帥権という魔剣を握った軍が、下克上の横行の末に、朝鮮併合、満州事変から満州国建国、日中戦争、太平洋での日米の決戦から日本の無条件降伏にいたる歴史を作ったことを想わずにはいられない。

朝河の憂国の論は正確な予言となってしまった。

朝河は明治40年（1907）の時点で、日本の将来を正しく導くものとして武士道を根底に置く。「武士道は日本国民が父祖より伝えたる至宝にして、他国民の得んとして得難く、今日に及びて新たにこれを養成すること能わざるところ」として武士道は単に武勇だけではないと分析する。彼の定義は以下のような4項目である。

1．義に勇むこと
2．堅固の意思
3．自重、公平、抑制、礼譲の諸徳
4．沈毅、深慮、反省

朝河は「為政者だけでなく、代議士、実業家、学生、および庶民」がこの4項の徳目を養うことが、日本の将来を開くのだと力説する。武士道は軍人だけのものではなく、あらゆる階層のあらゆる職業の人が共有できるものである、という新しい時代の武士道を提案した。サムライという階級が無くなった時代に、国民的な新しいモラルを提唱したが、奇しくも、これは八代六郎が彼の一生で示したものに他ならない。アメリカの社会に根を下ろした朝河が言うところは、欧米の標準に照らしても十分に認められているものであろうから、八代武士道が普遍性を持っていると見てよい。(但し、八代は日露戦争後もそれ以前も、一貫して「強大な海軍力が国を救う」と信じた軍拡論者だった。欧米各国も同様に軍拡チキンレースに血道をあげていたから、八代の好戦的と見える面をどう考えるかという悩ましさがあるが)。

(三)

しかし、21世紀の今日、武士道なるものを生かそうとしても、できることとできないことがある。スーツを着て働いている人が、刀の手入れの仕方や切腹の作法を学ぶ姿は考えられない。また、八代が示した武士道を現在にそのまま生かそうとしても、無理があろう。現代には現代の新しい武士道というものがあってよいと思うが、それは、前述したように、特殊な階層や職業のものでなく、一般人が広く受け入れることができて、尚且つ、実践できるものとなる。

我々の日常生活で「あの人はサムライだ」という誉め方をするが、この場合の意味は、身分をいうのではなく、立派な行いとか、強い精神力とか、無私の心などを指すことが多い。従ってアマチュアスポーツのプレイヤーにも使うし、町内会の役員が、ほとんど無償で雑事を引き受けることも尊いことと敬意を払う。災害現場に駆け付けるボランティアは、まさにサムライと言えるし、国境なき医師団は、草の根の武士道実践者（この場合はローマ字のSAMURAI）だろう。危険が迫った時に園児を懸命にかばう若い女性保育士も「義に勇む」ものと言えるだろう。今日は寒いから郵便物を配達しないとか、朝ごはんが未だだから午前中は仕事しない、というサムライもいないだろう。それぞれの職分に応じて責任を果たすという、しごく当たり前のことを、普通に行うことは朝河の提唱したとおりといえる。各職場で平凡な業務が淡々と行われていることは、すなわち今日的武士道が実践されているのだと思う。

そうしてみると、身近な人々の中に侍はいくらでもいることになる。朝河があげた条件に合う人は、実は、どこにも、いくらでも、ふんだんに存在している。このことは、日本においては、「得難い、誇るべき資質」である。

ただ、日本だけが優れていると思うことは他国への無礼というもので、「抑制、礼譲、反省」を忘れることがなければ、日本の武士道を国際的に位置づけ、「SAMURAI SPIRIT」として高めて行けると思う。

熊沢蕃山曰く「小善は徳に近し」

八代六郎　年表

西暦	年号	八代六郎	国内外の出来事
1859年	安政6年		横浜開港。
1860年	万延1年	尾張犬山藩丹波郡楽田村。大庄屋松山庄七の3男として生まれる	桜田門外の変。英仏両軍北京占領（北京条約）。
1861年	文久1年		1861～65アメリカ南北戦争。
1862年	文久2年		李鴻章淮軍を組織。ビスマルク首相就任。
1867年	慶応3年		大政奉還。ノーベルがダイナマイト発明。カナダ連邦自治領となる。
1868年	明治1年	水戸浪士八代逸平の養子になる	明治維新。
1869年	明治2年		版籍奉還。カリフォルニア大学設立。スエズ運河開通。
1870年	明治3年		普仏戦争。
1871年	明治4年		露イリ地方占領。
1873年	明治6年	愛知英語学校入学	
1875年	明治8年		仏、第三共和制憲法制定。
1877年	明治10年	海軍兵学校入学	露土戦争。西南戦争。エジソン活躍。
1881年	明治14年	同校卒業。19／35。海軍少尉補（21歳）	
1882年	明治15年		独・墺・伊3国同盟。立憲改進党結成。日本銀行設立。英エジプト占領。

西暦	年号	八代六郎	国内外の出来事
1883年	明治16年	コルベット筑波乗り組み	
1884年	明治17年	装甲艦龍驤乗り組み	仏清戦争始まる。
1885年	明治18年	少尉。海軍兵学校通学（待命中）	英巨文島占領。
1886年	明治19年	海軍兵学校学術卒。同校方術教授心得	
1887年	明治20年	大尉（27歳）。海軍兵学校運用術教授心得。校長伝令心得	マカオ、ポルトガル領になる。
1888年	明治21年	海軍兵学校副官	露朝通商条約。
1890年	明治23年	海軍参謀部出仕、ウラジオストック出張25年帰命	
1891年	明治24年		露仏同盟。1891〜1905シベリア鉄道。
1893年	明治26年	防護巡洋艦高千穂分隊長（日清戦争に従軍）	ハワイ革命。ジーゼル内燃機関発明。
1895年	明治28年	防護巡洋艦吉野分隊長。常備艦隊参謀	三国干渉。興中会広東挙兵失敗。康有為改革論を上奏。
1896年	明治29年	少佐（36歳）	中露東清鉄道の密約。三国干渉。
1897年	明治30年	中佐	
1898年	明治31年	ロシア神聖アンナ第三等勲章。12月帰命	ハワイ併合。列強の蚕食（独＝膠州湾、露＝大連地区、英＝威海衛・九龍半島を租借）。
1899年	明治32年	ロシア神聖アンナ第二等勲章。軍令部出仕	米独サモア諸島を分割領有。中国の門戸開放宣言（米国務長官）。仏広州湾租借。

西暦	年号	八代六郎	国内外の出来事
１９００年	明治33年	一等戦艦「八島」副長。常備艦隊参謀。巡洋艦「宮古」艦長	ゼッペリン飛行船を発明。独海軍拡張法案可決。
１９０１年	明治34年	フランスレジオンドヌール勲章。大佐（41歳）	
１９０３年	明治36年	装甲巡洋艦「浅間」艦長。日露戦争に出征	米、パナマ地帯を租借。
１９０５年	明治38年	ドイツ公使館付き武官	
１９０６年	明治39年	同大使館付き武官	南満鉄道会社設立。
１９０７年	明治40年	少将（47歳）。バーデン勲章。プロイセン勲章	英領ニュージーランド連邦成立。英露協商（チベットの中国主権承認。アフガン・ペルシャ南部を英、ペルシャ北部の権益を露で合意）。
１９０８年	明治41年	帰命。横須賀予備艦隊司令官	
１９０９年	明治42年	第一艦隊司令官	
１９１０年	明治43年	練習艦隊司令官	
１９１１年	明治44年	第二艦隊司令官。中将（51歳）。海軍大学校長	伊土戦争。関税自主権回復。第二次西園寺内閣。辛亥革命。
１９１２年	大正１年		第一次バルカン戦争。第三次桂内閣。中華民国成立。
１９１３年	大正２年		第二次バルカン戦争。山本権兵衛内閣。
１９１４年	大正３年	海軍大臣	シーメンス事件。第二次大隈内閣（海相八代六郎）。パナマ運河開通。１９１４～１８第一次世界大戦。

西暦	年号	八代六郎	国内外の出来事
1915年	大正4年	第二艦隊司令長官	日本の対華21か条。
1916年	大正5年	男爵	
1917年	大正6年	佐世保鎮守府司令長官	ソヴィエト革命。石井ランシング協定（中国における日本の特殊権益を承認）
1918年	大正7年	大将（58歳）。イギリス勲章	
1919年	大正8年		ムッソリーニ、ファシスト組織結成（ミラノ）。中国5・4運動。
1920年	大正9年	予備役	
1922年	大正11年		ワシントン海軍軍縮条約。
1925年	大正14年	後備役。枢密院顧問	英、金本位制復帰。スターリン権力を掌握。治安維持法成立。普通選挙法公布。
1927年	昭和2年		英ソ連と断交。金融恐慌。
1928年	昭和3年		張作霖爆死。
1929年	昭和4年	従二位。旭日桐花大綬章。退役。死去（享年70歳）	暗黒の木曜日。世界恐慌始まる。東三省国民政府に合体。

参考文献

小笠原長生『侠将　八代六郎伝』政教社出版部
長谷川敏行『ど根性に生きた将軍　八代六郎男』ステーツマン社
田中伊之助『郷土の偉人　八代六郎を偲ぶ』大縣神社所蔵
山本唯一『郷土の偉人　八代六郎』大縣神社所蔵
著者不祥『八代将軍についての素描』大縣神社所蔵
汎圓散人『楽田が生んだ高潔の人　八代六郎大将男爵』大縣神社所蔵
板津清明『黒潮』大縣神社所蔵
城山会編『八代海軍大将書翰集』（財）尾張徳川黎明会
紀　脩一郎『史話　軍艦余録』光文社
奈倉文二他『日英兵器産業とジーメンス事件』日本経済評論社
木村久邇典『帝国軍人の反戦』朝日文庫
司馬遼太郎『坂の上の雲』文春文庫
島田謹二『ロシアにおける廣瀬武夫』朝日新聞社
安本寿久『評伝　廣瀬武夫』産経新聞社
『在露国八代大尉報告　明治29年8月3日』防衛省防衛研究所
朝河貫一『日本の禍機』講談社学術文庫
李登輝『武士道解題』小学館
新渡戸稲造著・奈良元辰也訳『武士道』三笠書房
大谷正『日清戦争』中公新書

藤村道生『日清戦争』岩波新書
色川大吉『自由民権』岩波新書
豊田穣『江田島教育』新人物往来社
セシルブロック著・西山真雄訳『江田島』銀河出版
平間洋一他『江田島海軍兵学校』新人物往来社
鶴見祐輔『プルターク英雄伝』潮文学ライブラリー
安岡正篤『王陽明研究』明徳出版社
今泉みね『名残りの夢』東洋文庫
吉村昭『白い航跡』講談社文庫
青木徹『秘録　戦時栄養失調症』コルベ出版
鹿野幸彦『ビルマ軍医日記』叢文社
小柳津弁次『上海戦八十日』新人物往来社
渡辺淳一『白き旅立ち』文芸春秋社
久米邦武編『欧米回覧実記』岩波文庫
秦郁彦編『日本陸海軍総合事典』東大出版会

著者略歴

鎌倉国年（かまくら　くにとし）

1944年静岡県生まれ。建材製造会社の鎌倉産業を設立し、2003年に事業譲渡して引退。以後は調査や著作に専念。現在は静岡県中小企業家同友会付属共学ゼミ（通称小松ゼミ）幹事。

著書に『技術は中小製造業の飯の種』（日刊工業）、『アラ還で味わう中国の詩文』『古希で読む中国の詩文』（創碧社）、『迷いの時代に』（パレード）、『石組み』（同友出版）『「鉄気籠山」ー山田方谷「改革」の地を歩くー』（吉備人出版）など。

八代《やしろ》六郎《ろくろう》伝《でん》　—義《ぎ》に勇《いさ》む—

2018年12月3日　第1刷発行

著　者———鎌倉国年
装　丁———守安 涼（吉備人）
発行所———吉備人出版
〒700-0823　岡山市北区丸の内2丁目11-22
電話086-235-3456　ファクス086-234-3210
振替01250-9-14467
メール books@kibito.co.jp
ホームページ http://www.kibito.co.jp/
印刷所———株式会社三門印刷所
製本所———日宝綜合製本株式会社

ISBN978-4-86069-570-5　C0023